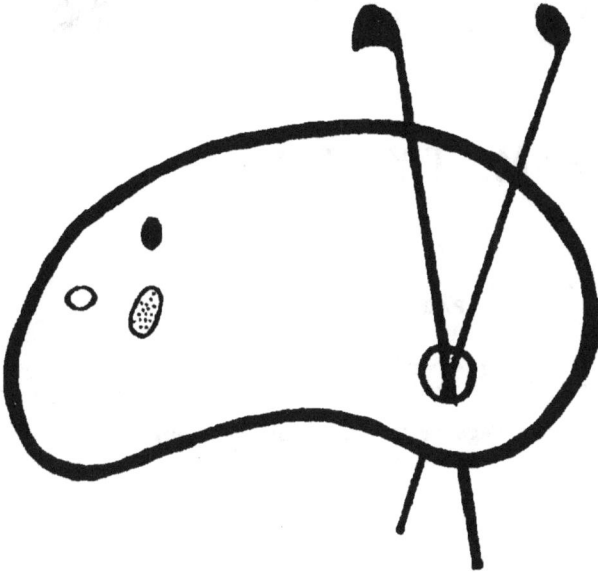

DEBUT D'UNE SERIE DE DOCUMENTS
EN COULEUR

LES

DERNIERS ÉCRITS

PHILOSOPHIQUES

DE M. TYNDALL

PAR LE

P. JOS. DELSAULX

Professeur au collége de la Compagnie de Jésus
à Louvain.

———⁓⦿⁓———

PARIS

ÉDOUARD BALTENWECK, ÉDITEUR

7, RUE HONORÉ-CHEVALIER, 7

—

1877

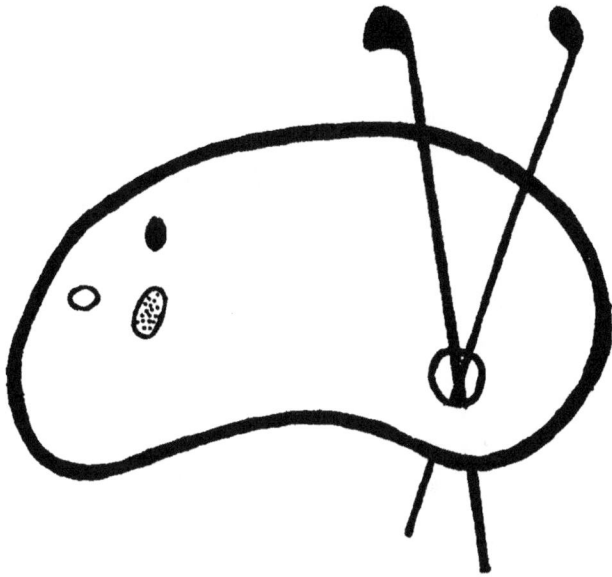

FIN D'UNE SERIE DE DOCUMENTS
EN COULEUR

LES

DERNIERS ÉCRITS

PHILOSOPHIQUES

DE M. TYNDALL

Coulommiers. — Typ. ALBERT PONSOT et P. BRODARD

LES
DERNIERS ÉCRITS
PHILOSOPHIQUES
DE M. TYNDALL

PAR LE

P. JOS. DELSAULX

Professeur au collége de la Compagnie de Jésus
à Louvain.

PARIS

ÉDOUARD BALTENWECK, ÉDITEUR
7, RUE HONORÉ-CHEVALIER, 7

1877

PRÉFACE

Ce travail a paru, il y a quelques mois, sous forme d'articles, dans la *Revue catholique* de Louvain. Je m'y suis proposé de réfuter, d'une manière concise, les vues matérialistes et notoirement athées de plusieurs savants contemporains. Dans l'intérêt de mes lecteurs, de ceux surtout que les sophismes captieux du positivisme auraient ébranlés, je désire vivement n'être pas resté trop au dessous de ma tâche.

INTRODUCTION

M. John Tyndall, physicien distingué, membre de la Société royale de Londres et professeur à la *Royal Institution*, a prononcé en 1874 au congrès de Belfast, en sa qualité de président de l'Association britannique pour l'année courante, un discours qui a produit quelque émotion en Irlande, en Angleterre et jusqu'aux États-Unis. L'opinion publique dans ces pays fut vivement émue des théories matérialistes émises par l'orateur au nom de la science contemporaine. En même temps que les évêques catholiques d'Irlande déclaraient ces doctrines en opposition avec l'enseignement de l'Église, des membres du clergé anglican et des journaux américains favorables au protestantisme soutenaient énergiquement les droits de la raison.

Ces attaques provoquèrent deux réponses, de la
part de M. Tyndall. La *Revue scientifique*,
journal hebdomadaire publié à Paris, se hâta de
les traduire pour faire suite au discours de Belfast que le même journal avait inséré auparavant dans ses colonnes ; la première est intitulée,
*Le matérialisme et ses adversaires en Angle-
terre* ; la seconde, *La science et le clergé*. Les
opinions préconisées par M. Tyndall dans ces
trois écrits ne lui sont pas personnelles ; elles
sont partagées en Amérique, en Angleterre, en
France et surtout en Allemagne, par un grand
nombre de savants et constituent à l'heure présente, notamment pour les masses, un péril très-
grave qu'il serait puéril de se dissimuler et à
côté duquel il serait plus puéril encore de s'en-
dormir. Ce que M. Tyndall énonce avec ména-
gement, d'autres savants le proclament d'une
manière ouverte.

« L'histoire de la science, » dit M. Draper dans
son livre portant pour titre, *Les conflits de la
science et de la religion*, « n'est pas seulement
« l'histoire de ses découvertes, c'est encore celle
« du conflit existant entre deux puissances con-
« traires : d'une part la force expansive de l'intel-
« ligence humaine ; d'autre part la compression
« exercée par la foi traditionnelle et par les inté-
« rêts humains. »

Nous sommes arrivés de nos jours, ajoute plus loin le professeur de l'université de New-York, au dernier conflit, « Il s'agit de savoir qui pré-« side au gouvernement du monde. Est-ce une « intervention divine incessante ? Est-ce une loi « immuable et primordiale ? » Personne ne sau-rait douter des résultats de ce conflit. « Tout ce « qui s'appuie sur le mensonge et la fraude pé-« rira. Des institutions qui sont l'organisation de « l'imposture devront enfin produire leurs titres « au tribunal de la raison. La foi devra rendre « compte d'elle-même, et les mystères céder la « place aux faits. La religion sera forcée d'aban-« donner la position dominante qu'elle gardait « pour lutter contre la science. La pensée sera « véritablement affranchie. »

Si le temps nous le permet, nous nous occu-perons plus tard du livre de M. Draper à la fois scientifique, historique, religieux, et où il y a encore plus de malentendus que d'erreurs. En ce moment nous avons dessein de concentrer toute notre attention sur les derniers écrits phi-losophiques de M. Tyndall. Le célèbre profes-seur de l'Institution royale s'y propose de remon-ter à la clarté du flambeau de la science moderne jusqu'à l'origine première de la vie ; il ren-contre tout naturellement sur son chemin un grand nombre de questions accessoires plus ou

moins liées à son sujet et s'efforce de les résoudre. Cette marche de l'illustre écrivain sera
la nôtre ; elle nous obligera peut-être à quelques
digressions ; nous en demandons pardon dès à
présent au lecteur. Quant à la manière de conduire la discussion sur des points de doctrine
aussi délicats que ceux dont nous allons traiter,
nous sommes heureux de pouvoir nous rallier
entièrement aux vues de M. John Tyndall : « Ce
« n'est pas avec le vague qui caractérise les émo-
« tions, mais bien avec la précision qui appar-
« tient à l'intelligence, que l'homme de science
« doit se poser les questions relatives à l'intro-
« duction de la vie sur la terre [1]. »

1. La traduction des passages empruntés aux écrits de
M. Tyndall est généralement celle de la *Revue scientifique;*
j'ai fait usage en plusieurs endroits de la traduction plus
littérale de M. l'abbé Moigno.

LES DERNIERS
ÉCRITS PHILOSOPHIQUES
DE M. TYNDALL.

I

LA THÉORIE ATOMIQUE DANS LES TEMPS ANCIENS : DÉMO-
CRITE, ÉPICURE, LUCRÈCE. — DIFFICULTÉS.

M. John Tyndall est non seulement un physicien de mérite, à qui la science est redevable
de belles recherches originales et d'admirables
ouvrages de vulgarisation sur la chaleur, le son
et la lumière; c'est de plus un orateur de premier ordre, un conférencier hors ligne. Esprit
fin et délié, possédant à un haut degré le talent
d'analyser un fait et l'art de nuancer une idée,
plein de verve et d'humour, sensible même,
mais de cette sensibilité un peu froide que donne
la contemplation exclusive de la nature, nul ne

sait mieux que lui intéresser un auditoire dans
l'exposé scientifique le plus abstrait, le captiver,
l'entraîner ; il le conduirait parfois jusqu'à l'en-
thousiasme, si cette fibre de l'émotion pouvait
vibrer dans le milieu discordant du scepticisme
philosophique et religieux. Chacun le voit, le
brillant professeur de l'Institution royale est un
adversaire redoutable ; aussi n'aurions - nous
jamais osé concevoir la pensée téméraire d'une
lutte corps à corps avec ce géant de la parole, si
nous ne savions à n'en pas douter que la vérité
est plus forte que tous les efforts de l'éloquence,
quand celle-ci est mise au service de l'erreur.

Dans le discours présidentiel de Belfast,
M. Tyndall s'est proposé de faire l'histoire de
l'atomisme. La doctrine des atomes, on le sait,
est adoptée aujourd'hui, dans ce qu'elle a d'essentiel, par l'universalité des chimistes et des
physiciens : il serait difficile, en effet, de donner
une autre base tant soit peu solide aux phénoménalités du monde matériel, spécialement à
celles que présentent la lumière et la chaleur.
Le savant orateur considère l'introduction de
l'idée atomique dans la philosophie de la nature
comme une réaction contre les théories primitives qu'il appelle anthropomorphiques : « Le dé-
« veloppement des notions scientifiques produit,
« dit-il, le désir et la volonté de balayer du

« champ de nos recherches cette foule de dieux
« et de démons, et d'établir les phénomènes na-
« turels sur une base plus conforme à eux-
« mêmes. » Je le remercie de cette manière de
voir ; car ces théories anthropomorphiques des
temps primitifs, exactes dans leur principe et
défectueuses seulement dans leurs applications,
montrent clairement la croyance universelle des
premiers hommes à la divinité et à la providence,
et il est utile, surtout à notre époque de doute
et de négation, de saisir ainsi la croyance générale et spontanée de l'humanité à l'origine de son
évolution.

M. Tyndall est moins heureux, à mon avis,
quand à la suite de Lange, à l'esprit et au texte
duquel il avoue avoir emprunté largement, il
s'extasie devant la grande figure de Démocrite.
« Rien n'existe que les atomes et le vide, » dit le
philosophe grec dans le résumé que M. Tyndall
fait de sa doctrine. Ces atomes « se heurtent les
« uns les autres, et les mouvements latéraux, les
« tourbillons qui en résultent, sont le commen-
« cement des mondes... » Ils se combinent « pour
« former les corps d'après les lois mécaniques, et
« non-seulement les formes organiques, mais les
« phénomènes de la sensation et de la pensée
« sont aussi les résultats de leurs combinaisons. »
Cette doctrine si crûment athée et matérialiste

1.

sourit infiniment au président du Congrès de
Belfast ; elle a dans son esprit un poids de raison
que les théories philosophiques de Platon et d'A-
ristote sur la nature sont loin de posséder. Aussi,
s'écrie l'orateur, quand le flot des barbares se
répandra sur l'Occident comme une mer en
furie, on verra, dans l'effondrement universel,
la philosophie légère des écoles, portée par la
vague, surnager et arriver jusqu'à nous, tandis
que les doctrines plus solides s'enfonceront et
disparaîtront dans l'oubli. Cette image n'est pas
mauvaise ; mais il n'en est pas de même, à mon
sens, de la position que l'éminent professeur de
l'Institution royale vient de prendre. En dévoi-
lant ainsi sa pensée intime dès l'exorde de son
discours, et en l'entourant, à défaut de preuves,
des meilleurs artifices de son langage, il rend
ses auditeurs plus exigeants à l'endroit des motifs, car enfin motif il y a ; il faudra bien les
apporter tôt ou tard, et M. Tyndall ne peut ignorer qu'un auditeur ou un lecteur intelligent veut
être convaincu, non surpris.

De Démocrite l'illustre conférencier passe à
Épicure, la seconde figure, parmi celles que la
philosophie antique présente à nos regards, qui
soit digne d'attirer notre attention. Le savant président du Congrès de Belfast éprouve un plaisir
sensible à nous apprendre que le philosophe de

Samos, poussé par le désir de s'instruire, voyagea beaucoup, et qu'au retour de ses voyages, possédant la sagesse, il se retira à Athènes. Là « cul- « tivant son jardin et entouré de ses disciples, il « vécut d'une vie pure et sereine et s'éteignit « en paix. » Si j'ai bon souvenir, Plutarque ne parle pas d'une manière tout à fait aussi avantageuse de la vie pure et sereine d'Épicure; mais comme j'ai résolu de ne pas m'appesantir sur les détails, je n'insisterai pas. La doctrine d'Épicure, dit M. Tyndall, ne diffère guère de celle de Démocrite. Un des buts principaux que le nouveau chef d'école avait en vue en rassemblant des disciples était « de délivrer le monde de la supersti- « tion et de la crainte de la mort. » Pourquoi, en effet, craindre la mort? la raison ne dit-elle pas, et ce petit raisonnement est bien propre à rassurer les plus timides : « tant que nous sommes, la mort « n'est pas; lorsqu'il y a mort, nous ne sommes « plus. » Il se rencontre néanmoins une tache dans la philosophie d'Épicure. Le fils du maître d'école de Samos, malgré ses nombreux voyages, n'avait pas assez épuré les « besoins éthiques » de sa nature; ses facultés intellectuelles en grandissant ne s'étaient pas élevées jusqu'à ces hauteurs, où l'éminent professeur de l'Institution royale place le sublime : il croyait encore à la divinité. L'idée divine, il est vrai, grâce à « cette plasticité

« merveilleuse qui lui permet, au milieu de bien
« des changements, de conserver son empire sur
« les esprits supérieurs, et qui, si elle doit durer,
« lui permettra de se mettre d'accord avec la
« science » moderne, l'idée divine, dis-je, s'était
considérablement modifiée depuis les théories
anthropomorphiques du premier âge. Les dieux
d'Épicure ne sont pas gênants du tout pour les
« lois immuables de la nature ; » ils habitent « les
« brillants espaces qui séparent les mondes des
« mondes, où jamais ne glisse un nuage, où
« jamais ne règne un souffle de vent, où jamais
« ne passe le moindre blanc flocon de neige,
« où jamais ne mugit le fracas du tonnerre,
« où jamais enfin le son de la douleur humaine
« ne monte pour troubler leur calme éternel
« et sacré. » On le voit, « dans les victoires
« immortelles que la science a remportées pour
« la race humaine, » le progrès est sensible.
Toutefois, cette croyance à la divinité, si amoin-
drie qu'elle soit, n'est qu'un état inférieur dans
l'évolution « des besoins éthiques » de l'homme.
Un jour viendra, dit M. Tyndall, et ce jour
a lui pour nous, où l'idée divine, dans sa plasticité merveilleuse à s'adapter aux exigences de la
science, n'exprimera plus, en sa réalité objective,
qu'une puissance mystérieuse, réclamée par les
besoins de l'émotion, se refusant à toute manipu-

lation intellectuelle, incapable d'être représentée
par le pronom *il*, ou d'être appelée, soit une intelligence, soit même une cause. Toutes ces asser-
tions sont de M. Tyndall.

L'illustre professeur se méprend ici sur la nature de ces besoins éthiques de l'homme qu'il
regarde comme le fondement variable de la
croyance du genre humain à la divinité. J'espère lui montrer que ces besoins éthiques sont
bien véritablement, à l'origine de leur formation,
des besoins ou des nécessités, non de l'émotion et
du sentiment, mais de l'intelligence, et que l'idée
divine, telle qu'elle est réclamée par ces besoins
de notre esprit, n'a aucunement la plasticité qu'il
lui attribue. Pour le moment je me contenterai
de poursuivre l'histoire de l'atomisme, en con-
tinuant à prendre M. Tyndall pour guide.

Lucrèce, que M. Tyndall appelle son « très-
« noble, très-approuvé et très-excellent maître, »
appartient à l'école d'Épicure. Le poëme qu'il com-
posa sur la *Nature des choses* est une œuvre remarquable à beaucoup d'égards; on y admire surtout la grâce et la richesse de l'expression poétique. A la suite du grand homme dont il expose la
doctrine, le poète se propose avant tout de détruire
la superstition. Il semble qu'à son époque « les
« hommes tremblaient devant chaque événement
« naturel comme devant un avis provenant direc-

« tement des dieux. Il faut chasser ces terreurs et
« ces ténèbres de l'esprit, dit le littérateur philo-
« sophe, non par les rayons du soleil et les traits
« brillants de la lumière du jour, mais par l'aspect
« de la nature et de ses lois. » On peut résumer
toute la philosophie de Lucrèce en quelques mots.
Rien ne vient de rien ; ce qui existe ne peut être
anéanti. Les atomes sont les premiers commence-
ments des choses ; ils sont éternels, indestructi-
bles, et leur mouvement, qui n'a pas eu de commencement, n'aura pas de fin. L'action mutuelle
des atomes dans des temps infinis a rendu possibles
toutes sortes de combinaisons. Celles qui étaient
bonnes ont persisté et ont donné naissance aux
corps que nous voyons ; les mauvaises ont disparu. Il n'y a ni plan, ni dessein intelligent
dans la nature. « Si vous voulez concevoir et
« garder tout cela dans votre esprit, ajoute Lu-
« crèce, vous verrez d'un seul coup la nature
« libre et débarrassée de ses maîtres orgueil-
« leux ; elle accomplit tout spontanément d'elle-
« même et les dieux ne s'y mêlent en rien. »
M. Tyndall embrasse ouvertement la doctrine de
Lucrèce ; il la complète en lui adjoignant la
théorie nébulaire « à la suite de Kant, de Laplace,
« de W. Herschel et de tous les savants éminents
« de nos jours, » et en y introduisant probablement aussi l'élément dynamique de la force, sans

lequel il est impossible d'expliquer les phénoménalités du monde physique. Toutefois, il faut bien que je l'avoue,ces compléments, dont je suis le premier à apprécier la haute valeur, ne lèvent pas tous mes doutes et ne satisfont pas à toutes mes répugnances à l'endroit de la théorie du poëte-philosophe.

J'avais cru jusqu'ici fermement à l'impossibilité logique et partant absolue d'une succession infinie de phénomènes. Je partageais en cela la manière de voir de Galilée et je tenais avec l'illustre Cauchy que par ce côté « la science nous « ramène à ce que la foi nous enseigne : la ma- « tière n'est point éternelle. » Les lois de l'esprit ont-elles changé depuis ces grands hommes ? Je pensais qu'il était nécessaire d'admettre, comme un résultat de la théorie mécanique de la chaleur, que l'ordre existant ne peut, à certaines modifications près, durer toujours, et que dans le passé il a eu forcément un commencement extra-naturel [1]. M. Tyndall, qui est géomètre et qui tient beaucoup à ce que l'opinion publique ne s'y méprenne pas, aurait-il par hasard infirmé en quelque manière ces conclusions? Mais voici ce qui prime pour moi toute autre considération. Malgré le

---

1. Athanase Dupré, *Théorie mécanique de la chaleur*, chapitre IX.

respect que je professe pour M. Tyndall et le plaisir que j'éprouverais à me trouver en communauté d'idées avec lui, il m'est impossible de forcer ma raison au point d'admettre un système athée et matérialiste. La croyance à une divinité distincte du monde et personnelle, je l'ai déjà dit et je le montrerai, est impérieusement réclamée par l'intelligence humaine, et quoi qu'en dise M. Tyndall, la distinction entre la vie sensible et intellectuelle, et les phénomènes purement matériels, ne l'est pas moins. Je sais que l'éminent professeur se propose d'établir le contraire; mais assertion n'est pas démonstration; je l'attends aux preuves comme je lui permets volontiers d'attendre les miennes.

II

ATTAQUES DE M. TYNDALL CONTRE LA BIBLE. — VALEUR
SCIENTIFIQUE DES LIVRES-SAINTS. — SAINT AUGUSTIN ET
LES ANTIPODES. — GIORDANO BRUNO.

La théorie atomique inaugurée par Démocrite, soutenue par Épicure et revêtue de tous les charmes de la poésie par Lucrèce, eût peut-être péri sans retour à la chute de l'empire romain sous les flots de l'inondation des barbares, si, pour me servir de l'expression d'un de nos plus illustres écrivains contemporains, l'Église ne se fût posée en médiatrice entre la conquête farouche et la civilisation opprimée. Habituée par son passage à travers le paganisme à faire servir les vases précieux de l'idolâtrie au culte du vrai Dieu, aimant non à détruire mais à purifier, l'Église sauva dans le cataclysme universel, avec le dépôt de la tradition écrite, les objets d'art et les monuments de la pensée humaine. Il est de mode aujourd'hui dans une certaine classe d'écrivains de ne tenir aucun compte à l'Église de cette sage prévoyance. Passant sous silence les bienfaits reçus, ils s'attachent à l'envi à ressasser le thème, depuis longtemps épuisé, de l'influence pernicieuse que les idées religieuses ont eue sur le développement intellectuel et la formation scientifique des nations chrétiennes. M. Tyndall appartient à cette classe d'écrivains. Dans une digression, assez peu amenée, et où nous sommes forcé de le suivre, il fait à propos des épaisses ténèbres du moyen-âge, une sortie étrange contre les livres saints. C'est un réquisitoire en forme dont voici la teneur. Toute la science du chrétien est renfermée dans les Écritures. Quand saint Augustin nie l'existence des antipodes, c'est sur les Écritures qu'il s'appuie. Quand le système de Copernic sur le double mouvement de la terre et sur l'immobilité du soleil est violemment attaqué et que son plus ardent défenseur, Galilée, le père de la physique moderne, est obligé de désavouer à genoux, la main sur les Évangiles, la doctrine héliocentrique, c'est encore en se basant sur les Écritures que les adversaires engagent la lutte et que les juges prononcent leur arrêt. Et cependant, continue ailleurs l'éminent écrivain, quand on donne à l'Écriture sainte une telle importance, il conviendrait, ce semble, de dire dans quelle mesure elle a droit à la croyance des hommes intelligents. Faut-il croire, par exemple, que Dieu a consacré six jours à la création ? Faut-il admettre la destruction du monde par un déluge, la construction d'une arche, « l'entrée dans cette arche de couples d'animaux d'où sont descendus tous les êtres qui vivent actuellement sur la terre, hommes et femmes, oiseaux et quadrupèdes? » Puis, en préjugeant d'avance la réponse, M. Tyndall ajoute dans un autre endroit : « Le livre « de la Genèse n'a pas d'autorité scientifique. « Après avoir résisté pendant quelque temps aux « attaques de la géologie, il a dû succomber et « perdre toute autorité cosmogonique. Ce livre « est un poëme et non un traité scientifique. Au « point de vue poétique il sera toujours beau ; à « celui de la science il a été et restera purement « nuisible. Pour la connaissance, il a une valeur « négative ; dans des temps plus rudes que le « nôtre, il a produit la violence physique, et dans « notre siècle de liberté, la violence morale. »

M. Tyndall a exprimé le regret, dans une de ses conférences sur la lumière, faite aux États-Unis, que M. Draper eût été forcé par les circonstances de sortir du cadre habituel de ses études et de se jeter dans la publication d'ouvra-

ges historiques. Je me crois en droit d'exprimer
le même regret au sujet des lignes que je viens
de produire. Absorbé par des recherches probablement plus importantes à ses yeux, M. Tyndall
a négligé d'étudier comme il convenait la délicate
question des rapports de la Bible et de la science;
qu'il permette donc à un des plus sincères admi-
rateurs de son talent de lui venir en aide.

L'Église catholique enseigne que le livre de
nos saintes Écritures est un livre inspiré de
Dieu : cela veut dire que les écrivains sacrés ont
entrepris leur travail sur un ordre exprès de
Dieu, ou que du moins ils y ont été déterminés
par une inspiration divine. Ont-ils eu conscience
de l'inspiration surnaturelle qui les poussait, ou
bien l'ont-ils ignorée? Nul ne le peut dire. Ce
que nous savons, c'est que pendant toute la
durée de leur travail l'esprit de Dieu était pour
ainsi dire à leurs côtés; qu'il les assistait, les
dirigeait, parfois même leur dictait les paroles
qu'ils avaient à transmettre à la postérité,
comme cela est arrivé aux prophètes, et empê-
chait par cette assistance que l'erreur ne sortît de
leur plume. Quant au but que Dieu s'est proposé en nous donnant le livre des Écritures, il
nous est indiqué clairement par le Maître des
sentences dans un ouvrage célèbre qui a été
regardé de tout temps comme une des expres-

sions les plus correctes de la doctrine des Pères
de l'Église. Le Maître des sentences vivait au
XII⁰ siècle, en plein moyen-âge, alors que, suivant M. Tyndall, l'effet pernicieux de l'enseignement théologique se faisait le plus sentir.
« L'homme n'a perdu, dit Pierre Lombard, ni la
« connaissance des choses naturelles, ni celle qui
« lui est indispensable pour subvenir à l'entre-
« tien de sa vie; c'est pourquoi dans les saintes
« Écritures l'homme ne reçoit point de lumière
« sur ces objets, mais sur la science de l'âme
« qu'il a perdue par son péché [1]. » L'enseignement des livres inspirés regarde donc avant tout
la vie spirituelle et surnaturelle de l'homme; il
ne se rapporte en aucune façon d'une manière
directe à la connaissance de la nature physique;
et, que M. Tyndall ne l'oublie pas, cette distinction importante se faisait dans toutes les écoles
du moyen-âge, car le livre des sentences était à
cette époque le manuel obligé des cours de théologie. Les savants catholiques de nos jours ne
professent pas une autre doctrine : « Nous ne
« devons pas oublier, dit le P. Patrizzi, que les
« écrivains bibliques n'ont pas l'intention d'exa-
« miner les questions de la science physique, et
« ne cherchent pas à nous tirer de l'ignorance

1. Livre des *Sentences* : dist. 23, traduction de M. l'abbé
Hertel.

« où nous pourrions être par rapport aux phéno-
« mènes de la nature [1]. »

Le docteur Newman, que l'illustre professeur
de l'Institution royale doit connaître et qu'il est
impossible de connaître sans l'aimer, est plus
explicite encore : « La théologie et la science de
« la nature, dit-il, se meuvent sur deux domaines
« séparés ; chacune peut enseigner sur son do-
« maine sans avoir à redouter que l'autre y inter-
« vienne : certainement Dieu eût pu rendre su-
« perflue l'investigation scientifique de la nature
« en révélant les vérités qui en sont l'objet, mais
« il ne l'a point fait [2]. » Il est donc certain et
avoué de tous que Dieu n'a pas voulu nous instruire par le moyen des Écritures dans les sciences physiques, astronomiques ou géologiques ; par
suite, il est faux de dire que toute la science naturelle du catholique est forcément contenue dans
les livres saints. Je sais fort bien que les livres
inspirés touchent en certains endroits d'une manière accidentelle et subordonnée à l'objet propre
des sciences physiques, et que la parole divine
est toujours et nécessairement conforme à la
vérité. Mais il n'est pas moins vrai que le sens
des passages dont il s'agit est souvent fort obscur

1. *De interpretatione scripturarum*, I, n. 133 ; trad. de
M. l'abbé Hertel.
2. Conf. et disc.

ou susceptible tout au moins de diverses interprétations. N'est-ce pas ce que reconnaissent
saint Augustin et saint Thomas quand ils nous
conjurent de ne pas exposer la parole divine aux
moqueries des savants par des interprétations
hasardées. Que la science vienne donc en aide
à l'exégèse biblique pour déterminer le sens de
ces passages obscurs ou figurés : l'Église, dit le
docteur Reusch, — cette citation plaira à M. Tyndall — « l'Église veut que les représentants et
« les défenseurs de sa doctrine tiennent compte
« de la marche des sciences qui avoisinent son
« domaine, et fassent servir aux progrès de la
« science sacrée ce que la science profane a de
« bon et de vrai [1]. » Il peut se faire, ajoute le
P. Pianciani, « que par le progrès des sciences
« naturelles, nous comprenions mieux le sens
« de quelque passage des auteurs profanes ; à
« plus forte raison ce progrès peut-il répandre
« la lumière sur la parole de Dieu, lorsque
« celle-ci traite des choses créées [2]. » Cette application des données scientifiques à l'exégèse a
été faite et elle a manifesté le caractère divin
des livres saints. Quelle est l'œuvre humaine,
en effet, qui après trois mille ans supporterait,
sans pâlir, jusque dans les moindres détails,

1. *Bible et nature*, p. 8, traduction de M. l'abbé Hertel.
2. *In hist. creationis*, p. 6, traduction de M. l'abbé Hertel.

l'œil investigateur de la science contemporaine?
Comment se fait-il que dans cette multitude
de propositions diverses se rattachant par quelque côté à la science humaine, on n'en ait pas
trouvé une seule qui ne fût susceptible d'une
interprétation naturelle et conforme à la vérité?
Il y a là, tout au moins, convenons-en, un fait
étrange.

Je passe maintenant au détail des objections
soulevées par M. Tyndall. Le savant conférencier reproche à saint Augustin d'avoir nié l'existence des antipodes par des scrupules religieux.
C'est bien à tort, selon nous. L'évêque d'Hippone
ne pouvait pas avoir des connaissances géogra-
phiques plus étendues que celles de ses contemporains. On s'imaginait alors qu'il était impossible d'atteindre par la navigation les régions de
l'hémisphère austral, tout comme nous pourrions
croire aujourd'hui que les pôles sont inaborda-
bles. Saint Augustin dit lui-même dans la *Cité
de Dieu* : « Il me semble absurde d'admettre que
quelques hommes partant d'ici aient pu, en navi-
guant à travers l'immensité de l'Océan, aborder
les terres qui sont sous nos pieds [1]. » Cela admis,
un chrétien de ces temps-là regardant avec toute
l'Église comme une vérité certaine et divinement

---

1. *La foi et la science*, par M. l'abbé Moigno, p. 35.

révélée que tous les hommes descendent d'Adam
ne devait-il pas nier l'existence des antipodes ?
Eh bien, saint Augustin ne fit pas autre chose.
Le principe du raisonnement était exact : la
science moderne l'a confirmé ; la supposition seule
était fausse. J'ai dit que la science moderne a
confirmé le principe de l'unité de l'espèce humaine ou de la descendance de tous les hommes
d'un seul couple. M. Tyndall va se récrier probablement à cette proposition. Je ne m'en étonne
pas ; recourant d'ordinaire, dans les matières qui
ne lui sont pas familières, aux ouvrages antire-
ligieux, il n'aura pas lu, j'en suis sûr, les remar-
quables écrits que M. de Quatrefages a publiés
sur ce sujet ; qu'il les lise attentivement et il y
puisera, je n'en puis douter, les éléments d'une
conviction nouvelle.

De saint Augustin, M. Tyndall passe à Galilée.
Je me trompe ; il consacre d'abord quelques paroles émues à la mémoire de Giordano Bruno.
Galilée et Giordano Bruno, quels noms et quels
souvenirs! Le moine dominicain qui, après avoir
fait « revivre la notion de l'infinité des mondes »
et avoir enseigné que « la manière n'est pas cette
« simple capacité nue et vide, telle que les philo-
« sophes l'avaient dépeinte, » mais bien « la
« mère universelle qui produit toutes choses
« comme le fruit de ses propres entrailles, » est

2

néanmoins « jugé, dégradé, excommunié » par l'inquisition romaine « et remis au pouvoir sécu-« lier avec requête de le traiter doucement et sans « effusion de sang, ce qui signifiait d'avoir à le « brûler ; » puis, trente-trois ans après, pour échapper à un pareil sort, Galilée qui renie les convictions de toute sa vie!

M. Tyndall a tort de rapprocher les noms de Bruno et de Galilée : Bruno qui défendait le système de Copernic par des raisons a *priori* n'est pas digne de figurer à côté du grand astronome florentin. Il est vrai que ses théories purement métaphysiques sont bien propres à exciter les sympathies de M. Tyndall; le sectaire admet que la nature des esprits ne diffère point de celle des corps; que l'essence divine et la matière sont une seule et même chose; que la nécessité ne se distingue pas de la liberté; que le bien et le mal, le juste et l'injuste ne sont rien par eux-mêmes. Une telle doctrine efface bien des péchés. En somme, malgré les plus brillantes qualités, Giordano Bruno ne fut qu'un novateur exalté; ses impiétés révoltaient les protestants eux-mêmes; Théodore de Bèze le fit sortir de Genève; presque toutes les universités de l'Europe où il essaya de dogmatiser le chassèrent de leur sein. Si sa fin tragique froisse nos idées modernes, c'est que la condition de la société au dix-neuvième siècle n'est plus ce qu'elle était en Italie à la fin du seizième. Aujourd'hui que les sophismes de l'erreur ont troublé les esprits, obscurci la vérité et détruit l'unité de croyance, la tolérance civile est à peu près partout une nécessité. Au temps de Giordano Bruno, au contraire, la vérité religieuse conservait encore son empire sur les intelligences dans tous les pays catholiques; par suite, le gouvernement civil était obligé de la protéger efficacement, même de la défendre au besoin, comme le bien le plus précieux de la nation. Au reste, Bruno ne cherchait pas seulement à renverser la religion catholique, son panthéisme sapait, dans les fondements de la religion et de la morale naturelles, ceux de la société. Mais laissons ces considérations; l'hérésiarque napolitain est étranger au développement des idées scientifiques. L'appui que M. Tyndall trouve dans le procès et la condamnation de Galilée en faveur de sa théorie est tout autrement sérieux.

III

DE LA LIBERTÉ DE PENSER DANS L'ÉGLISE CATHOLIQUE A
PROPOS DU PROCÈS ET DE LA RÉTRACTATION DE GALILÉE.

Loin de moi la pensée de faire de la condamnation de Galilée une apologie allant à l'encontre des
faits historiques : les intérêts religieux ne doivent
être défendus que par la vérité. J'avoue dès l'a-
bord que les passions philosophiques eurent dans
tout le cours de cet événement une influence déplorable. Au commencement du XVIIᵉ siècle, dit
M. Gilbert, à qui nous sommes redevables d'une
fort belle étude sur le procès de Galilée, « Aristote
« régnait en maître absolu dans les écoles, et sa
« parole, devenue un oracle, traçait autour des
« sciences physiques un cercle infranchissable.
« Les plus habiles n'aspiraient qu'à pénétrer sa
« doctrine, à en faire sortir toutes les vérités na-

« turelles, que l'on y croyait renfermées, au lieu
« d'interroger la nature elle-même... On parlait
« des causes finales ou des essences des choses
« telles qu'on se les figurait, pour en déduire par
« voie de syllogisme les faits observables. » Cette
méthode nous donna, ajoute le même écrivain,
« en astronomie : le système de Ptolémée avec
« toutes ses complications d'épicycles, les cieux
« incorruptibles, les astres essentiellement diffé-
« rents de notre globe ; en mécanique... trois
« sortes de mouvements *naturels* : celui des corps
« *pesants* vers le centre du monde, celui des
« corps *légers* en sens opposé, le mouvement cir-
« culaire ou *parfait* réservé aux astres ; les corps
« pesants tombant d'autant plus vite qu'ils sont
« plus *lourds*. Tous les autres mouvements
« étaient appelés *violents*, et s'arrêtaient d'eux-
« mêmes avec l'impulsion [1]. » Galilée vint, et le
premier il montra les vices des raisonnements
d'Aristote et des péripatéticiens ; il posa en principe que pour connaître la nature et ses lois, il
faut *analyser* les phénomènes, *mesurer* les éléments qui les composent, puis *induire* à l'aide du
calcul. Frappé ainsi à la clé de voûte, l'édifice du
péripatétisme physique s'ébranla et tomba enfin,
écrasé par les découvertes astronomiques et les

---

1. *Revue catholique*, 1860, t. 1, p. 539 et suiv.

nouvelles recherches expérimentales du savant
Florentin. Il faudrait ne pas connaître le cœur
humain pour croire qu'un homme ait pu opérer
coup sur coup tant et de tels changements sans
amonceler les orages sur sa tête. Une tempête formidable partie du camp aristotélicien vint fondre
sur Galilée.

Pour répondre aux difficultés soulevées par
M. Tyndall, j'ai à caractériser nettement la position que la curie romaine crut devoir prendre
dans ce mémorable événement. M. Tyndall considère l'intervention doctrinale du Saint-Office et
des Congrégations romaines dans la censure des
ouvrages de Copernic et dans le procès intenté à
Galilée comme l'exercice d'un droit que l'Église
s'attribue. En cela, il est dans le vrai; mais c'est
à tort qu'il regarde les effets naturels de ce droit
comme attentatoires à la liberté de la science ou
comme des entraves apportées à la marche du
progrès. Le droit de contrôle de l'Église sur les
sciences n'est ni un droit direct, ni un droit illi-
mité : c'est un droit indirect dérivant de la mis-
sion apostolique confiée à l'Église et du mandat
que celle-ci a reçu de garder intact le dépôt de la
foi; il ne s'étend qu'aux vérités de l'ordre naturel
ayant avec les vérités révélées un lien rigoureux
de déduction logique. Prise ainsi dans sa généra-
lité, je ne vois pas vraiment ce que cette doc-

trine peut avoir d'effrayant pour la raison de
M. Tyndall. Je fais ici appel, il est vrai, a la
raison du savant professeur de l'Institution royale
alors qu'elle était encore en communauté de sentiments avec la haute raison de Faraday ravie
d'admiration en présence de l'accord harmonique
des vérités révélées avec les vérités naturelles. Je
veux bien l'avouer néanmoins, et j'espère que
M. Tyndall me saura gré de cet aveu, dans ses
applications particulières, cette doctrine ne laisse
pas que d'offrir quelques difficultés. Lorsque le
lien logique des vérités naturelles et des vérités
révélées est certain aux yeux de la raison elle-
même et que la foi est mise en péril par les négations d'une philosophie en délire, l'Église, pour
défendre le dépôt de la foi, n'hésite pas à con-
damner de son autorité infaillible des vues ou
des hypothèses manifestement opposées au dogme
catholique. C'est ainsi que le Concile du Vatican
a proscrit récemment les doctrines panthéisti-
ques, et solennellement affirmé l'origine du
monde par voie de création. En agissant de la
sorte, le pouvoir religieux protége également les
intérêts de la religion et ceux de la nature raisonnable. Aussi n'est-ce pas dans ces décisions
infaillibles que je rencontre la difficulté annon-
cée. Depuis bientôt quatre siècles, la science in-
crédule a beau s'évertuer à trouver l'Église en

défaut, la petite pierre dont parle M. Tyndall en
veine de réminiscences bibliques et dans un
excès de modestie, est toujours venue se briser
contre le rocher inébranlable des promesses divines. Mais il peut se faire que le lien logique
rattachant à l'ordre surnaturel, les vérités rationnelles ébranlées par les sophismes de l'erreur ou les doctrines remises en question par le
développement des sciences, soit douteux et in-
certain même aux yeux des premiers pasteurs de
l'Église. Cela arrivera d'autant plus facilement
que les limites du dogme seront plus éloignées
de cet état de précision dernière où l'action du
Saint-Esprit les conduit lentement, suivant les
besoins et les exigences des temps, par une évolution que les théologiens appellent *évolution
dogmatique*. Alors, si par le fait des circonstances la doctrine révélée ne court aucun danger,
les gardiens du divin dépôt se taisent ; ils laissent à la raison le soin de défendre par les
moyens qui lui sont propres les vérités de son
domaine. Autre est leur conduite quand sous
l'empire d'opinions hasardées ou de théories encore mal assises, la foi commence à chanceler
dans les âmes. Semblables à un père sage et vi-
gilant, qui, non content de défendre à ses enfants
l'entrée de la rivière, leur en interdit les abords,
ils taxent de témérité ces doctrines dangereuses,

ou, comme dans la condamnation de la théorie
du mouvement de la terre, les déclarent contraires au sens de l'Écriture généralement reçu
et ordonnent aux ministres de l'Évangile d'en
écarter les fidèles confiés à leurs soins. C'est ici
que le savant chrétien peut se trouver en présence d'une difficulté véritable. M. Tyndall l'a
senti : aussi ne se fait-il pas faute de s'en pré-
valoir. Que le savant professeur veuille bien
renouveler son attention ; j'aborde la rétractation de Galilée et je suis au cœur de ce qu'il
appelle la compression des intelligences par le
système des Jésuites. Qui se serait attendu à
rencontrer le système des Jésuites en cette af-
faire !

Avant tout il est essentiel de remarquer qu'en
flétrissant comme téméraire quelque point de
doctrine scientifique et en le proscrivant même
au besoin de l'enseignement, l'autorité religieuse ne prétend pas porter un jugement défi-
nitif sur le fond de la question. Par cela qu'elle
évite de faire intervenir dans le débat son pouvoir souverain et infaillible, elle montre assez
clairement que son intention n'est pas de lier les
intelligences d'une manière absolue. Ce n'est pas
une barrière infranchissable qu'elle élève sur le
chemin de la science, c'est un obstacle qu'elle se
croit le devoir d'opposer à l'envahissement du

doute. Sa volonté est, qu'en l'absence d'un motif
contraire ayant une valeur comparable à celle de
son autorité, toute intelligence s'incline au sein
de la communauté chrétienne et admette comme
plus probable, ce que la prudence lui a inspiré.
Je voudrais bien que M. Tyndall, qui est si cha-
touilleux sur les prérogatives de la raison, m'in-
diquât une conduite plus sage. D'une part les
esprits complétement étrangers aux recherches
scientifiques ou incapables d'opinion personnelle, sur qui les doutes en matière de foi ont le
plus de prise, sont détournés d'investigations pé-
rilleuses pour leur faiblesse; d'autre part, la liberté du vrai savant est sauvegardée. Il peut,
tout en obtempérant aux injonctions de l'autorité
religieuse, travailler à étendre par ses recherches
la probabilité de l'opinion censurée ; s'il parvient
à lui donner un caractère convenable de certitude , comme cela est arrivé pour l'hypothèse
copernicienne, il aura démontré du même coup
que le lien supposé entre les vérités révélées et
la vérité naturelle, objet du litige, n'existe pas;
il aura aidé à préciser en quelque point le sens
de la parole révélée et acquis des droits à la re-
connaissance générale. Car, dit le P. Pianciani,
« lorsque l'Église infaillible n'a pas fixé le sens
« de quelque passage de l'Écriture, ... des con-
« naissances naturelles plus étendues peuvent et

« doivent servir quelquefois à en déterminer la
« signification précise [1]. »

M. Tyndall pourra apprécier facilement à l'aide
de ces principes la valeur réelle des censures por-
tées contre la doctrine du mouvement de la terre
par les Congrégations romaines. Je le prie toutefois de se rappeler que l'hypothèse copernicienne
était, de l'aveu de tous, en contradiction évidente
avec plusieurs passages des livres saints enten-
dus dans leur sens littéral; qu'à part la simpli-
cité que cette hypothèse introduisait dans le système du monde, les raisons apportées par Galilée
pour l'appuyer étaient fausses ou nulles et que
les astronomes étaient divisés à son sujet. D'autre
part, les ravages causés dans les pays protestants
par l'interprétation arbitraire de la parole révélée
frappaient alors tous les yeux; on pouvait craindre que l'esprit de révolte ne vînt à franchir les
monts et à se répandre sous le couvert de la
science dans les provinces de l'Italie. En présence de ces craintes et de l'animosité croissante
des partis, l'autorité religieuse d'abord hésitante
prit une décision extrême : elle taxa d'hérétique
l'opinion controversée et la proscrivit de l'enseignement. Cette condamnation, à ne la considérer
que comme une mesure de prudence édictée par

---

1. *Cosmogonie*, p. 545, et *Civilta cattolica*, série 5, vol. 4,
p. 33; traduction de M. l'abbé Hertel.

le pouvoir pontifical pour sauvegarder les intérêts de la foi, est pour le fond de tout point inat-
taquable : les vues exposées plus haut le démon-
trent surabondamment. Néanmoins les savants
catholiques sont unanimes à regretter la forme
absolue dont elle fut revêtue; ils regrettent surtout la rétractation imposée à l'illustre vieillard.
L'abbé Bouix, un de ces ultramontains « à intelligence atrophiée » dont parle M. Tyndall, va
jusqu'à dire : en forçant Galilée à abjurer sa
croyance, le tribunal de l'Inquisition outre-passa
ses pouvoirs; dans un cas doctrinal de cette nature, une autorité infaillible seule peut exiger
l'assentiment intérieur d'une manière absolue [1].
Pour ma part, tout en m'associant à ces regrets,
je me permettrai d'attirer l'attention de M. Tyndall sur les considérations suivantes; elles sont
de nature à faire impression sur un esprit aussi
réfléchi que le sien. Après avoir vu dans le Concile du Vatican une définition dogmatique, amenée et rendue nécessaire par l'opposition bruyante
de ceux qui n'en contestaient que l'opportunité,
on a peine à comprendre comment les menées de
Galilée et de ses partisans, jointes à l'irritation
violente des péripatéticiens, aux convictions personnelles du Pape, et à celles de tous les théolo-

1. *De Papa*, t. II, p. 485.

giens, n'aient abouti en fin de compte qu'à la
promulgation d'un simple décret du Saint-Office.
Encore est-il permis d'atténuer la portée de ce
décret, en alléguant le défaut d'unanimité des
juges; car sur dix cardinaux chargés de la procé-
dure, sept seulement signèrent la sentence. En
second lieu, ce fait, unique dans l'histoire de
l'Église et surgissant pour ainsi dire à côté du
berceau de la science, m'est toujours apparu
comme une intervention solennelle de la Providence. Une erreur scientifique aussi clairement
exprimée et aussi peu prévue, puis aussi énergiquement niée et plus tard aussi universellement
et aussi loyalement avouée, équivaut à mes yeux
à une révélation explicite de la distinction radicale des deux ordres de vérités, je veux dire le
naturel et le surnaturel, aussi bien que de leur
indépendance mutuelle dans les limites de leur
objet propre. Si l'erreur commise par la cour romaine, dit M. Th. Henri Martin, a été rendue possible une fois, c'est pour que le renouvellement
en devînt à tout jamais impossible.

IV

QUELQUES CARACTÈRES DU DÉLUGE BIBLIQUE. — ACCORD
DE LA GENÈSE AVEC LA GÉOLOGIE.

Il me reste maintenant à répondre brièvement
aux diverses questions posées par M. Tyndall. Le
savant professeur désire savoir, par exemple,
dans quelle mesure l'homme de science est tenu
d'adhérer aux enseignements des livres saints.
La réponse est facile ; elle ressort des principes
que j'ai développés tout à l'heure. Dans tout ce
qui regarde l'objet propre des sciences naturelles,
à part quelques points de doctrine dont le sens
scriptural n'est pas douteux dans l'Église catholique, le savant est parfaitement libre. Qu'il in-
terroge la nature : c'est dans le grand livre du
monde physique que les vérités naturelles sont

inscrites. Si parfois, dans le tableau des merveilles
de la création présenté par les livres saints, la
parole révélée a un sens obscur à l'endroit de la
réalité physique des choses, n'oublions pas que
cette parole est destinée à nous faire connaître
les vérités de l'ordre surnaturel ; recourons, dans
ce cas, au livre même de la création. L'exégèse
n'a rien à apprendre au savant ; c'est bien plutôt
à la science à venir en aide à l'exégèse.

Si M. Tyndall s'était donné la peine de lire les
savants catholiques qui ont traité des rapports de
la révélation et de la science, il aurait rencontré
des propositions telles que celles-ci : « Les six
« jours sont des périodes sur la durée desquelles
« la Genèse ne précise rien ; ce pouvait être des
« espaces de temps de vingt-quatre heures ou
« d'une durée plus ou moins considérable, mais
« qu'on nomme jours à cause de leur analogie
« avec les six jours de travail de la semaine [1]... »
« Rien ne nous oblige à admettre que le déluge
« fut une inondation qui couvrit en même temps
« toute la surface de la terre. Le récit génésiaque
« ne nous fournit aucune donnée qui nous permette
« d'évaluer en termes précis l'extension véritable
« du déluge. Nous devons croire, seulement,
« qu'il fut assez grand pour engloutir tous les

1. Reusch, *Bible et nature*, p. 172.

« hommes alors vivants, excepté Noé et sa famille,
« et pour couvrir de ses eaux la terre qui s'éten-
« dait sous l'horizon de Noé [1]. » .... « De ce que
« tous les hommes en dehors de l'arche ont péri,
« il ne suit pas nécessairement que tous les ani-
« maux aient également péri... Moïse ne dit nulle
« part des animaux sortis de l'arche qu'ils étaient
« les ancêtres de toutes les espèces d'animaux ré-
« pandues sur la terre [2]. » L'éminent physicien
se fût abstenu alors de nous demander s'il fallait
croire aux six jours de la création, au déluge universel, à l'arche et à ce que la Genèse nous en
apprend touchant les animaux. Si ce n'est peut-
être qu'il ait eu dessein d'insister d'une façon toute
spéciale sur la question de l'universalité du déluge, et ait voulu obliger les théologiens catholiques à s'expliquer au sujet de l'opinion émise par
notre illustre compatriote, d'Omalius d'Halloy,
affirmant que les différences présentées actuellement par les diverses races humaines n'ont
pu se produire depuis Noé, et que l'interprétation
biblique qui fait descendre tous les hommes de ce
patriarche pourrait ne pas être exacte.

S'il en est ainsi, je demande au savant professeur la permission de renchérir encore sur son

1. *Bible et nature*, p. 381.
2. Pianciani, *Cosmogonie*, p. 547, et *Civilta cattolica*, loc.
cit., p. 35, traduction de M. l'abbé Hertel.

objection. Au témoignage d'un égyptologue catholique fort distingué, M. Chabas, le déluge de Noé aurait eu lieu suivant la chronologie biblique, l'an 2339 avant J.-C, ; d'autre part, les calculs du docteur Lepsius placent le commencement de la première dynastie égyptienne en l'an 3892 avant J.-C. Il est vrai que M. Mariette fait remonter le même événement à l'an 5004, et M. Brugsch à l'an 4455 avant J.-C. ; mais ces incertitudes, dit M. Chabas, ne rendent pas moins la chronologie biblique, telle qu'on l'entend communément, inconciliable avec celle des dynasties égyptiennes. On sait d'ailleurs que la pyramide à degrés de Saqqarah a été construite par les rois de la première dynastie. Pour répondre à la difficulté soulevée par d'Omalius d'Halloy et reprise par M. Tyndall, il n'est pas nécessaire, ce me semble, de détourner le récit de la Genèse relatif au déluge de son sens propre et littéral. Personne ne niera que le dogme du péché originel, défini par le Concile de Trente, ne donne à la certitude de la descendance adamique du genre humain un caractère absolu que n'a pas celle de sa descendance noémique ; mais tout le monde avouera également qu'il est beaucoup plus naturel d'étendre les bases de la chronologie biblique en voyant avec M. Chabas, « dans l'histoire très-sommaire « des patriarches et du déluge, un souvenir des

« tribus primitives personnifiées dans quelques
« individualités, » conformément au génie des
Hébreux, que de renverser une croyance dont
aucun fait n'est venu jusqu'ici ébranler les fondements. Au reste, on pourrait donner plusieurs
autres solutions à la difficulté précitée.

Quand M. Tyndall déclare que la Genèse n'a
pas d'autorité scientifique proprement dite et qu'il
ne faut pas y voir un traité de sciences naturelles,
je me rallie pleinement à sa manière de voir,
dans le sens des vues et des principes exposés
plus haut. Mais je ne puis consentir à ce que l'é-
minent professeur de l'Institution royale fasse du
livre mosaïque un poëme à la façon de l'Iliade et
de l'Odyssée. D'Omalius le dit très-bien, la Genèse est un ouvrage destiné à nous faire connaître
sous une forme historique les grands principes ou
les bases de nos croyances religieuses. Je ne puis
pas admettre davantage qu'après avoir résisté
quelque temps aux efforts de la géologie, le livre
sacré ait succombé et perdu toute valeur cosmogonique. Puisqu'il s'agit de géologie, M. Tyndall
ne trouvera pas mauvais que j'oppose à son allégation l'autorité d'un des plus grands géologues
contemporains. « En ce qui concerne la création
« des êtres organisés, dit M. Barrande, tout le
« récit de la Genèse se réduit à établir trois grands
« faits, pour lesquels il est en parfaite harmonie

« avec les connaissances acquises jusqu'à ce jour
« par la science géologique. Ces faits peuvent être
« formulés ainsi qu'il suit :

« 1° La vie végétale a précédé la vie animale,
« aussi bien dans les mers que sur la terre ;

« 2° La vie animale a été d'abord représentée
« par les animaux vivant dans la mer et par les
« oiseaux ;

« 3° Par conséquent, la vie animale a été déve-
« loppée postérieurement sur la terre, et l'homme
« n'a apparu qu'après tous les êtres créés. »

Après avoir résumé les données de la science
relatives au premier point, ce savant ajoute : « Il
« faut aussi considérer que la gradation établie
« par Moïse dans la création du règne végétal
« s'accorde bien avec les faits observés par la
« science, qui reconnaît que les plantes, offrant
« l'organisation la plus élevée, ont apparu beau-
« coup plus tard que les types inférieurs du règne
« végétal. Moïse, après avoir énuméré les trois
« degrés principaux dans l'organisation végétale,
« ne s'est pas occupé de fixer exactement l'époque
« à laquelle chacun d'eux a fait son apparition,
« soit par l'effet d'une transformation lente des
« types primitivement créés, et en vertu d'une loi
« de développement qui leur était imposée, soit
« par une action directe et répétée du Créateur.
« En d'autres termes, Moïse semble avoir voulu

« seulement établir l'ordre relatif des époques
« auxquelles il a plu à Dieu de créer les proto-
« types des classes d'êtres qui se sont déjà succédé,
« et qui se succèdent encore dans la série des
« temps. Il a fait abstraction de l'histoire du dé-
« veloppement de ces êtres, dont il énumère ce-
« pendant les principales formes successives. »
Plus loin M. Barrande dit encore : « Après avoir
« exactement fixé le point d'origine relatif des
« animaux marins et des oiseaux, Moïse énumère
« d'une manière remarquable les principaux
« types des animaux qui ont peuplé les mers, à
« partir de ceux qui sont rampants, c'est-à-dire
« des mollusques, jusqu'aux poissons et aux
« grands cétacés. L'ordre suivi dans cette énumé-
« ration correspond parfaitement à celui qu'on
« observe dans la série des formations géologi-
« ques [1]. »

M. Dana, le grand géologue américain, dont
l'autorité scientifique n'est pas inférieure à celle
de M. Barrande, développe les mêmes idées dans
son *Manuel de géologie*. Il est même plus explicite ; car, à ses yeux, le récit biblique de la création suppose dans l'écrivain des connaissances si
avancées et présente d'ailleurs des caractères de

[1]. Auguste Nicolas, *Études philosophiques sur le christianisme*, 19ᵉ édition, tome 1 ; note inédite communiquée à
l'auteur par M. Barrande.

vérité tels qu'il est impossible de ne pas lui reconnaître une origine divine. Je livre ces deux
témoignages aux méditations de M. Tyndall.

Il ne me reste plus que quelques mots à ajouter.
Après avoir déprécié la Bible et invectivé contre
l'Eglise catholique, l'éminent professeur de l'Institution royale prend à partie Aristote et les scolastiques. Je n'ai pas l'intention de le suivre sur
ce nouveau terrain ; cette excursion nous écarte-
rait trop de notre but. Que le célèbre philosophe
de Stagyre ait été un physicien médiocre, je n'en
suis nullement étonné : ne voyons-nous pas de
nos jours des physiciens, je parle des meilleurs,
qui ne sont pas du tout philosophes ? des physiologistes tout disposés à rechercher l'équivalent
mécanique de la pensée ou de la liberté ? N'en
déplaise à M. Tyndall, il n'est pas nécessaire de
remonter jusqu'au Lycée pour trouver des mots
tenant la place de choses et l'emploi outrecuidant
du langage scientifique. Pour ce qui est de la
méthode scolastique de la période de décadence,
telle qu'on voulait l'introduire dans l'étude de la
nature, j'ai déjà dit ce que j'en pensais. Mais la
scolastique elle-même, cette théologie philosophique du treizième siècle, dont la Somme de
saint Thomas est la plus haute expression et qui
ne connut jamais le système de compression intellectuelle dont parle M. Tyndall, puisqu'elle

3.

donna naissance à Duns Scot, elle est au-dessus de toute critique. Après les éloges désintéressés que Leibnitz [1] et Grotius [2] en ont faits, tout autre éloge serait superflu. M. Tyndall s'est donc laissé égarer de nouveau par M. Draper ; le savant professeur de l'Institution royale n'a pas étudié la scolastique, ou, s'il l'a fait, c'est dans les écrits des sophistes qui pullulèrent à l'époque de la décadence.

Cette remarque en amène une autre que je ne puis taire. Pourquoi M. Tyndall, qui insiste avec raison sur les travaux accomplis par les Arabes au moyen-âge, oublie-t-il de signaler dans l'Occident Albert le Grand, Roger Bacon et Vincent de Beauvais? Au témoignage d'Alexandre de Humboldt [3], Albert le Grand mérite d'être cité « pour ses observations personnelles dans le do-« maine de la chimie analytique ;... ses écrits « contiennent quelques remarques d'une péné-« tration extrême sur la structure organique et « sur la physiologie des végétaux,... des considé-« rations sur la double dépendance où sont les « climats par rapport à la latitude et à la hauteur « du sol, et sur les conséquences qu'ont pour l'é-« chauffement de la terre les divers angles d'inci-

---

1. *Systema theologicum*, n° 48 et 49.
2. *De jure belli et pacis*, prolegomena, n° 52.
3. *Cosmos*, t. II, pp. 298 et suiv.

« dence formés par les rayons lumineux. » Suivant le même auteur, Roger Bacon « a directe-
« ment contribué à agrandir les sciences natu-
« relles, à les établir sur la base des mathémati-
« ques et à provoquer les phénomènes par les
« procédés de l'expérimentation... Ses travaux
« sur la théorie de l'optique, sur la perspective et
« sur la position du foyer dans les miroirs con-
« caves,. . ses expériences chimiques sur les mé-
« langes inflammables et explosibles, » ne sont
pas sans importance. Ces deux noms eussent
figuré assez noblement après celui d'Alhazen.

V

La longue digression que les excursions de
M. Tyndall à travers les obscurités du moyen-
âge nous avait imposée est terminée ; nous allons
reprendre l'histoire de la doctrine atomique. Cette
exploration historique ne sera pas toutefois de
longue durée, M. Tyndall a hâte d'arriver au
but. La théorie des atomes dans les corps inorganiques aussi bien que dans les corps organisés
n'est pour lui qu'un acheminement à la théorie
de la vie : c'est sur ce dernier résultat des investigations scientifiques modernes qu'il a dessein
d'insister. Les doctrines physiques de Démocrite,

d'Épicure et de Lucrèce étaient tombées au moyen-âge dans l'oubli le plus profond. S'il faut en croire M. Tyndall, un effort en leur faveur aurait été fait au milieu du quatorzième siècle ; mais l'auteur de cette tentative désespérée fut obligé de se rétracter. Il est fâcheux que le savant professeur de l'Institution royale ait jugé inutile de nous donner le nom de cette première victime du système de compression intellectuelle des Jésuites ; par ce procédé, un écrivain moins consciencieux que M. Tyndall pourrait allonger démesurément le martyrologe de la science. Quoi qu'il en soit, la doctrine des atomes reparaît bien décidément au dix-septième siècle : Gassendi, docteur en théologie, chanoine de la cathédrale de Digne, que ses concitoyens appelaient le saint prêtre, la fit revivre, en la dépouillant, cela s'entend, de son caractère athée et matérialiste. Admise dans ses éléments essentiels par Bacon, Descartes, Hobbes, puis par Locke, Newton, Boyle et leurs successeurs, elle semble avoir reçu de Dalton et des savants modernes sa consécration définitive. M. Tyndall est injuste envers Gassendi, lorsque comparant l'illustre prévôt de la cathédrale de Digne à M. Clerk Maxwell, il ose dire : « D'après ces deux philosophes, si je les comprends bien, les atomes sont les matériaux préparés, les articles manufacturés, qui, formés par

« l'habileté du Très-Haut, produisent par leur
« action mutuelle subséquente tous les phéno-
« mènes du monde matériel. Il me semble cepen-
« dant qu'il y a entre Gassendi et Maxwell une
« différence : pour l'un la cause première est un
« postulatum et pour l'autre une induction. Dans
« ses articles manufacturés le professeur Maxwell
« trouve la base d'une induction qui lui permet
« de gravir des hauteurs philosophiques regardées
« par Kant comme inaccessibles, et de franchir
« logiquement la distance qui sépare les atomes
« de celui qui les a créés. » M. Tyndall n'a certainement pas compris Gassendi. La notion de
Dieu envisagé par la raison comme cause première, est si peu un postulatum pour le disciple
d'Épicure que dans sa controverse avec Descartes
à ce sujet il défend bien nettement le procédé
inductif de M. Maxwell. Descartes tirait toutes
ses preuves de l'existence de Dieu, de notre idée
de l'infini et du parfait, et il concluait a *priori* de
la notion des perfections divines à la nécessité de
l'harmonie dans l'univers. Gassendi soutient au
contraire que, pour arriver à Dieu, il faut partir
des faits sensibles et des phénomènes de la conscience ; remonter ensuite par l'analyse et la comparaison de ces phénoménalités, jusqu'aux lois
du monde physique, puis trouver enfin dans
l'harmonie de l'univers la manifestation et la

nécessité de l'ordonnateur suprême. Ceux qui
voient dans le hasard, dit-il, la cause première
de l'ordre du monde sont plus aveugles que le
hasard lui-même. Au reste l'éminent professeur
de l'Institution royale pense-t-il qu'un prêtre qui
se déclare prêt à répandre son sang pour la défense de la foi de la sainte Eglise romaine, catholique et apostolique, ait pu admettre l'existence
de Dieu comme un simple postulatum? Ici encore
M. Tyndall s'est laissé tromper par des historiens
peu soucieux de la vérité. Avant d'écrire sur
Gassendi, que n'ouvrait-il ses ouvrages ? En ne
consultant que la table des matières il aurait rencontré des propositions telles que celles-ci : entre
toutes les causes, il y a une cause première qui
est Dieu; Dieu est l'auteur et la cause productrice
du monde; il le gouverne et sa providence s'étend
d'une façon toute spéciale sur le genre humain.
L'éloquent conférencier de Belfast appelle cela
détacher le créateur de l'univers. Gassendi sans
aucun doute « applique aux atomes les lois con-
« nues de la mécanique; » il explique par leur
moyen certains phénomènes vitaux, les aberra-
tions de la raison, par exemple, dont il place l'o-
rigine dans le cerveau matériel. Pour lui, « une
« maladie mentale est une maladie du cerveau ;
« la raison immortelle a un siége à part : la ma-
« ladie ne peut l'atteindre. » Mais ces idées n'ont

rien de répréhensible ; ce sont précisément celles
que nous avons aujourd'hui ; elles sont le produit
d'un esprit supérieur planant au-dessus des vues
étroites de son époque. Honneur donc à Gassendi ;
honneur aussi au système de compression intellectuelle, qui dans le temps même où il persécute
Galilée, laisse passer sans répression ces har-
diesses d'un homme de génie !

Gassendi distinguait très-nettement dans
l'homme deux substances, l'âme et le corps.
Cette distinction, que les matérialistes modernes
ont en horreur, ne plaît pas davantage à M. Tyndall ; elle ébranle par le fondement sa théorie de
la vie. Aussi va-t-il essayer de ruiner cette malencontreuse dualité. L'évêque anglican Butler
exposa la même doctrine dans son fameux ouvrage de l'*Analogie des religions*, quatre-vingt-
dix ans après Gassendi. M. Tyndall se propose
de forcer logiquement l'illustre prélat à se rétracter. L'habile physicien n'est pas un adversaire commode ; car il possède un moyen sûr de
discerner immédiatement le vrai du faux. Voici
le procédé : on fait subir aux idées, dont il faut
apprécier la justesse, l'épreuve de la peinture
mentale, ce que les philosophes et les physiologistes allemands appellent *vorstellung* : celles
que la *vorstellungs-kraft* parvient à imager sont
déclarées vraies ; celles qui se refusent à toute

représentation mentale sont par cela reconnues fausses. Attaqué à l'aide d'une telle arme, l'évêque Butler est digne de toutes les sympathies; pour mon compte je préférerais subir l'épreuve du feu que celle de la terrible *vorstellung*. Quel moyen, en effet, de se représenter mentalement « les facultés percipientes, les activités motrices, la personnalité intime, » l'âme en un mot dont parle le prélat anglican? Quelle est la forme de la personnalité humaine? où se trouve-t-elle dans un homme à qui on a amputé un membre? Que devient le pouvoir percipient, pour la *vorstellungs-kraft*, quand on supprime, qu'on altère ou qu'on ne fait même que comprimer telles ou telles parties du cerveau? Le professeur de l'Institution royale avoue, par exemple, avoir disparu momentanément du milieu des existences conscientes par le fait d'une décharge électrique. Qu'était devenue sa personnalité? La peinture mentale n'est-elle pas complétement impuissante à résoudre ces questions?

Je demande à M. Tyndall la permission de poser tout d'abord la question préalable au sujet de cette faculté représentative, dite peinture mentale. L'éminent professeur admet avec la plupart des physiciens les forces atomiques ou moléculaires dont il a si bien analysé les activités dans ses ouvrages. Comme disciple de Faraday, il n'est

pas éloigné, je pense, de l'opinion émise dernière-
rement par M. Mascart : « Il y a lieu d'espérer
« que l'on pourra constituer un jour la chimie
« véritable, la chimie *mécanique*, dans laquelle,
« si les conceptions actuelles sur la matière sont
« conservées, les atomes seront considérés, non
« comme des unités qu'on enrégimente, mais
« comme des centres de force, c'est-à-dire comme
« des points matériels entre lesquels s'exercent
« des forces, fonctions des distances. » Eh bien,
je voudrais savoir comment le profond physicien
parvient à se figurer par la peinture mentale ces
forces atomiques que dans tout système cosmolo-
gique on est forcé de mettre à la base des phénomènes. S'il ne le peut, ce qui n'étonnera personne, que fait-il alors, pour rester conforme à sa
théorie, de l'admirable édifice de ses connaissances ? L'atome sans force n'est rien, absolument rien, dans la science. Si vous le dépouillez
de ce qui fait sa vie, il cesse d'être l'élément gé-
nérateur des phénoménalités physiques, le point
d'appui et l'explication de l'harmonie universelle. Que M. Tyndall consente donc à en con-
venir : la peinture mentale n'a pas la portée qu'il
lui attribue ; les concepts de l'esprit peuvent
avoir une réalité objective véritable et se refuser
à toute représentation mentale ; la palette et les
couleurs de l'imagination sont comme celles du

peintre ; elles ne peuvent figurer toutes choses.
L'évêque Butler est donc dans le vrai quand il
déclare ne pouvoir extraire, par voie de représentation mentale, une sensation, une pensée ou
une émotion d'une vibration calorifique.

Toutefois, M. Tyndall ne doit pas s'y mépren-
dre : en défendant la distinction de l'âme et du
corps admise par le prélat Butler, je n'ai nullement l'intention d'embrasser sa doctrine de la
séparation complète des deux substances dans le
moi humain. Je ne pense pas que « nos corps or-
« ganisés ne sont pas plus partie de nous-mêmes
« que toute autre substance qui nous entoure. »
Il y a dans l'homme deux substances : le corps
avec ses tissus, ses organes et ses activités propres ; l'âme avec ses facultés corporelles et spirituelles. Ces deux substances sont liées l'une à
l'autre par un lien mystérieux ; de cette union
naît l'unité de nature et d'opération qui constitue le moi humain dans une des acceptions de
ce mot. Je dis dans une des acceptions de ce mot,
parce que le moi humain n'est pas exclusivement l'agent des phénomènes de la conscience.
Par suite de cette unité, la nature humaine est
capable de produire dans un individu des actes
de diverses sortes. Dans les perceptions sensibles, par exemple, l'activité de l'organisme, exci-
tée par les objets extérieurs, est la condition in-

dispensable du déploiement de celle de l'âme. La perception sensible est un acte que l'âme isolée de l'organisme est absolument incapable de produire soit en partie soit en totalité. Le moi de la perception sensible n'est, ni le corps, ni l'âme : c'est le corps et l'âme unis l'un à l'autre. Dans les mouvements musculaires libres, l'activité des éléments atomiques du tissu nerveux d'abord et des fibres musculaires ensuite, entre en exercice sous l'influence de la volonté. La pensée pour se produire a besoin d'images, lesquelles dépendent de l'activité organique du cerveau. Il y a donc une corrélation intime, multiple et permanente entre les agents constitutifs du *moi*. Les philosophes expriment ce fait dans le langage de l'école, en disant que l'homme est, comme tous les autres êtres, un composé de matière et de forme : le corps est la matière de ce composé, et l'âme en est la forme. De même que l'âme a ses facultés propres, savoir les spirituelles, de même aussi, je l'ai dit plus haut, le corps organisé tel qu'il sort de l'organisation primitive du créateur par voie de génération, a ses activités spéciales. L'organisation une fois créée, dit fort bien M. Caro résumant les théories physiologiques modernes, est une machine qui fonctionne nécessairement en vertu des propriétés physiques et chimiques de ses éléments constituants. Ces activités propres à l'organisme, telles que celles qui président à la digestion, à l'assimilation, à la production de certains mouvements réflexes, ne sont point des propriétés vitales dans le sens rigoureux et philosophique du mot, attendu qu'elles n'ont rien d'immanent : il en est tout autrement des facultés perceptives, intellectives et volitives.

Après ces explications, je regarde comme inutile de répondre en détail aux difficultés proposées par M. Tyndall à l'évêque Butler. Il est bien clair, en effet, que les facultés de l'âme, dont l'exercice est intimement lié à celui des activités organiques, ne peuvent produire leurs opérations tant que l'organisme est paralysé.

VI

LE DARWINISME EN FACE DE LA GÉOLOGIE.

Entre l'évêque Butler reconnaissant dans l'homme la distinction de l'âme et du corps, et M. Tyndall affirmant que la vie peut sortir de la matière, M. Darwin est un heureux intermédiaire. Un système qui permet, comme la théorie de la sélection, de remonter le fil de la vie jusqu'à sa première origine, ne peut pas être négligé dans une recherche sérieuse de la nature des phénomènes vitaux. Aussi le savant professeur de l'Institution royale n'a-t-il garde de l'oublier. La transition employée par M. Tyndall pour passer de Butler à M. Darwin est néanmoins des plus singulières. Butler croyait à la chronologie biblique. Bible et théologiens sont deux mots qui s'enchaînent. M. Tyndall part de

là pour faire une sortie contre les interprètes des
livres sacrés. « Soyons sûrs qu'il finira par venir
« un temps, dit-il, où la nature humaine tout en-
« tière, dont il est reconnu que la science seule
« ne peut satisfaire les demandes légitimes, trou-
« vera des interprètes et des organes d'un genre
« autre que celui de ces êtres grossiers et mal in-
« formés qui auparavant avaient été toujours si
« bien préparés à se ruer contre toute nouvelle
« révélation scientifique, dans la crainte qu'elle
« ne mît en danger ce qu'ils se plaisent à consi-
« dérer comme leur appartenant. » Ce passage a
été supprimé dans quelques éditions du discours
de Belfast. A mon avis, M. Tyndall eût mieux
fait de l'omettre dans le discours même.

Quand on étudie avec soin la constitution des
assises géologiques, « un fait général, dit le sa-
« vant professeur, devient bientôt évident, c'est
« qu'aucune forme de vie, sauf les plus simples,
« ne gît à l'échelon le plus bas de l'échelle, et
« qu'à mesure qu'on s'élève dans la série des
« couches qui se recouvrent les unes les autres,
« des formes plus parfaites apparaissent... Les
« modifications successives ne se font point d'une
« manière graduelle et continue, mais au con-
« traire par des passages brusques et des solu-
« tions de continuité... En présence de tels faits,
« il était impossible d'éviter la question sui-

« vante : Ces formes qui , malgré un grand
« nombre d'irrégularités et dans des périodes sé-
« parées, montrent ce progrès général d'une ma-
« nière indubitable, n'ont-elles été soumises à
« aucune loi continue de croissance ou de varia-
« tion? » M. Tyndall est persuadé que les influences religieuses, qui se sont toujours mon-
trées rétrogrades et trompeuses dans le domaine
de l'inquisition scientifique, ont arrêté ici encore
une fois l'essor de l'esprit humain ; la solution de
cette question , dit-il , se fût dégagée beaucoup
plus tôt des données de l'expérience, sans l'obstacle apporté par cette malencontreuse influence.
Au lieu « d'accepter l'anthropomorphisme, et de
« regarder chaque couche successive comme une
« sorte d'établi d'ouvrier servant à fabriquer de
« nouvelles espèces, sans le moindre rapport avec
« les anciennes, » les savants eussent admis d'un
commun accord la doctrine de l'évolution. Malheureusement il n'en fut pas ainsi. « Entraînés
« par leur éducation première, la plupart des na-
« turalistes firent appel à un acte créateur spé-
« cial pour s'expliquer l'apparition de chaque
« nouveau groupe d'organismes. » Les plus éclairés voyaient bien que « cette supposition n'expli-
« quait rien », mais comme ils n'avaient aucune
autre explication à offrir, « tous ou presque tous
« gardèrent le silence. »

Mes connaissances géologiques sont fort res-
treintes, et je ne puis en aucune façon me placer
parmi les savants éclairés dont M. Tyndall vient
d'évoquer le souvenir. Néanmoins je prétends
bien, en ce qui me regarde, ne pas imiter leur
silence. J'avouerai donc à M. Tyndall que la doctrine de l'évolution, prise dans son acception générale, a toujours exercé sur moi une attraction
irrésistible. Je suis de ces esprits, si approuvés
par l'éminent physicien, « au-dessus de la chaleur
« du préjugé populaire, prêts à accepter toute
« conclusion offerte par la science, à la condition
« qu'elle soit dûment appuyée par des faits et des
« arguments. » La théorie de l'évolution, si elle
était vraie, satisferait, bien mieux que la doctrine
plus facile des créations successives, aux idées
que je me suis faites de la sagesse et de la toute-
puissance divine. N'avons-nous pas déjà l'évolution des mondes en astronomie, et l'évolution ou,
tout au moins, la transformation des forces en
physique ? Mais je crains l'influence des émotions
plus encore que l'illustre professeur de l'Institution royale ; je tremble en pensant que dans la
recherche de la vérité les tendances éthiques peuvent venir se substituer, à notre insu, aux exigences de la raison. L'exposé de la théorie de
M. Darwin est un des morceaux les plus achevés
du discours de Belfast : c'est un chef-d'œuvre

4

oratoire où la finesse des aperçus est admirablement secondée par l'élégance de la diction ; mais là malheureusement s'arrête le mérite. M. Tyndall sait, mieux que personne, que la valeur d'une théorie se mesure par l'accord de ses conclusions logiques avec les faits. Pourquoi l'illustre professeur de l'Institution royale n'a-t-il pas dit, en se restreignant aux données géologiques, les seules qui puissent décider en cette matière, qu'un grand nombre d'éminents paléontologues ont soutenu et démontré l'impossibilité d'accorder la théorie Darwinienne avec les résultats de leurs recherches ? Il aurait pu citer à l'appui de cette assertion les noms justement célèbres de d'Archiac, de Bronn, de Barrande, de O. Heer, de De Koninck, de Van Beneden, de Williamson, etc. Pourquoi ne pas attirer l'attention de ses auditeurs sur les écrits de M. Fr. Pfaff, un des géologues les plus appréciés en Allemagne pour la sagacité, la portée et l'étendue de son esprit scientifique ? Ce savant expose dans son dernier ouvrage, *Grundriss der Géologie*, 1876, les difficultés que les faits certains de la paléontologie élèvent contre le système de l'origine des espèces. Le savant conférencier aurait pu résumer très-avantageusement les principaux points de l'argumentation serrée du géologue allemand. Dans l'intérêt de la théorie

Darwinienne, je vais faire ce travail pour lui.

La théorie de M. Darwin admet, comme on sait, une variabilité illimitée dans les espèces animales. Ce premier point de doctrine n'est pas en accord avec les faits. Toutes les espèces que l'on rencontre au sein des formations géologiques, semblables en cela aux espèces actuellement existantes, ont des caractères spécifiques déterminés dont les oscillations sont renfermées entre des limites très-étroites ; les formes de transition réclamées par la théorie font absolument défaut. De plus ces espèces, aussi bien que les classes et les ordres dont elles font partie, apparaissent simultanément sur de vastes horizons géologiques. M. Darwin, pour éluder la force de l'objection fondée sur l'absence des formes de transition dans les assises sédimentaires, insiste sur l'insuffisance de nos connaissances actuelles en paléontologie. C'est à tort ; il est facile de le faire voir à l'aide des principes du calcul des probabilités. Supposons, en effet, que chaque espèce vraie ait donné naissance à neuf espèces de transition ; — cette base de raisonnement est bien modeste, vu que la théorie en demande des milliers ; — supposons, en outre, que chaque espèce soit représentée par le même nombre d'individus. Dans ces conditions, la probabilité d'extraire de la grande urne des couches sédimentaires, une

espèce vraie, est mesurée par la fraction un
dixième; et celle d'extraire, cent fois de suite,
une espèce de cette nature, est représentée par la
fraction un dixième élevée à la centième puissance. Une probabilité aussi petite se nomme
dans le langage du sens commun une impossibilité manifeste. Il serait incomparablement plus
facile, en parcourant le globe terrestre les yeux
bandés, de s'arrêter au hasard sur un millimètre
carré de la surface des mers ou des continents
désigné d'avance, que de réaliser une série d'extractions aussi improbable ; et cependant cette
suite d'extractions est, pour ainsi dire, le fait de
chaque jour.

Ce n'est pas tout. Dans la théorie de Darwin le
nombre des espèces croît nécessairement en pro-
gression géométrique. Par suite, si nous admettons que 40 millions d'années se sont écoulées
depuis l'apparition de la vie animale sur le globe ;
que chacune des dix périodes géologiques a eu
une durée de 4 millions d'années et que le nombre des espèces actuellement existantes est de
200.000 ; la formation cambrienne devra renfermer, suivant ces données, 3 espèces, comme il
serait facile de le montrer par le calcul. Or, de fait,
elle nous en donne 29. La formation silurienne,
qui devrait renfermer 11 espèces, nous en a
fourni 10209. La formation dévonienne, qui de-

vrait en contenir 38, nous en a livré déjà 5160.
Je pourrais continuer jusqu'au bout cette énu-
mération discordante; les rapports entre les nombres calculés et les nombres vrais n'y sont nullement gardés. Mais ce que j'en ai dit suffit am-
plement : je fais grâce à M. Tyndall du reste.

Le temps ne coûte rien à l'hypothèse Darwinienne : Haeckel demande, par exemple, un bil-
lion d'années pour chaque formation géologique.
M. Tyndall n'ignore pas, je pense, que les phénomènes stratigraphiques sérieusement étudiés, et
les évaluations autorisées de M. Thomson, s'oppo-
sent entièrement à des exigences aussi exorbitantes.
Le savant professeur sait parfaitement aussi que
le développement lent et graduel de l'organisation
exigé par la théorie de l'origine des espèces, n'est
pas vérifié par l'observation. Dans les systèmes
les plus anciens, on voit apparaître avec des organismes tout à fait inférieurs, des mollusques et
des annélides ; les vertébrés se montrent déjà
dans la formation silurienne. En poursuivant
chaque ordre dans les diverses formations, on
trouve des discordances encore plus flagrantes
entre la théorie et la réalité.

Si je ne me trompe, ces arguments de M. Pfaff
ont pour le moins autant de valeur que les raisons
apportées par M. Tyndall, en faveur de l'hypothèse Darwinienne, et qui sont tirées de la for-

mation de nos races d'animaux domestiques, de
la fécondation des orchidées par les abeilles, et
de la forme hexagonale des cellules dans les
ruches [1] !

1. Voir les articles de M. l'abbé Lecomte sur le Darwi-
nisme, tome VI de la *Revue catholique*, 1871.

VII

LE PRINCIPE DE LA CONSERVATION DE L'ÉNERGIE ET LES
DÉTERMINATIONS LIBRES DE L'AGENT VOLONTAIRE.

M. Tyndall croit trouver dans la doctrine de la
conservation de l'énergie un nouvel appui pour
sa théorie de la vie. Est-ce à tort ou à raison ? Il
nous le faut rechercher. « On parle aujourd'hui
« beaucoup du principe de la conservation de la
« force » ou de l'énergie, disait récemment un
écrivain, à la fois géomètre et philosophe, favo-
rable d'ailleurs aux idées de M. Tyndall ; « on
« lui a consacré d'excellents livres, de savantes et
« éloquentes leçons. Il est devenu aux yeux de
« certains savants une sorte de dogme indiscu-
« table qui explique ce qui a été, ce qui est, et ce
« qui sera... Il serait cependant désirable de sa-

« voir ce que veut dire exactement ce principe et
« d'où il vient [1] » D'où il vient ? Etrange question ! Mais du fond même de notre nature raisonnable et du plus intime de notre être, répond
M. Herbert Spencer, le philosophe préféré de
M. Tyndall. Ce principe constitue une connaissance a *priori*, une vérité ayant « autant de certi-
« tude que les vérités a *priori* », voire même
« une certitude supérieure. » Ne sommes-nous pas
aussi incapables de concevoir la destruction de la
force que nous le sommes de concevoir l'anéantis-
sement de la matière ? « La pensée, dit M. Spen-
« cer, est une position de relations. On ne peut
« poser de relation, et par conséquent penser,
« quand l'un des termes relatifs est absent de la
« conscience. Il est donc impossible de penser que
« quelque chose devienne rien, par la même raison
« qu'il est impossible de penser que rien devienne
« quelque chose ; et cette raison, c'est que rien ne
« peut devenir un objet de conscience. L'anéan-
« tissement de la matière » ou de la force « est
« inconcevable par la même raison que la créa-
« tion de la matière » ou de la force « est incon-
« cevable ; » et leur indestructibilité « devient
« ainsi une connaissance a *priori* de l'ordre le
« plus élevé [2] ». Cette façon de raisonner paraîtra

---

1. *Revue Scientifique*, 1875-76, p. 131.
2. *Les premiers principes*, p. 186.

sans doute étrange à plusieurs de mes lecteurs. Je suis obligé de dire à la décharge de M. Spencer, qu'il n'en est pas l'inventeur ; on la rencontre assez souvent dans les écrits de l'école évolutionniste. Montrerait-elle, par hasard, que l'esprit humain est soumis à la loi d'évolution, et que les formes de la pensée tendent de nos jours vers leur type idéal en se perfectionnant insensiblement ? On pourrait le croire. Quoi qu'il en soit, M. Tyndall ne nous fait pas connaître sa manière de voir au sujet de l'origine a *priori* du principe de la conservation de l'énergie. Il déclare seulement que la portée de ce principe est plus large que celle du principe de l'évolution et que la signification en est plus radicale ; il pense que la doctrine nouvelle « dont on n'aperçoit encore que « vaguement les dernières conclusions philoso- « phiques, rattache étroitement la nature à la fa- « talité. »

Si je comprends bien l'illustre professeur, c'est par sa signification radicale que le principe de la conservation de l'énergie conduit à la fatalité. Mais, je dois l'avouer, j'ai beau rappeler mes souvenirs, je ne parviens pas à saisir le lien qui unit d'une manière indissoluble la conservation de l'énergie au fatalisme. Quand on considère un système de points matériels, à côté du principe de la conservation de l'énergie il y a aussi, si je ne me

trompe, celui de sa variation : tout dépend dans
les équations différentielles du mouvement, de la
présence ou de l'absence de forces extérieures.
« Lorsqu'un système n'est soumis à aucune force
« extérieure, son énergie intérieure, et aussi son
« énergie totale, restent constantes; » c'est bien
là, je pense, le principe de la conservation de
l'énergie. « La variation de l'énergie totale d'un
« système est égale à la somme des travaux des
« forces extérieures ; celle de l'énergie intérieure
« est égale à la somme des travaux des forces
« extérieures dans le mouvement relatif au centre
« de gravité ; » tel est, sauf erreur de ma part, le
principe de la variation de l'énergie, envisagé
sous ses deux aspects principaux [1]. M. Tyndall
connaît ces principes aussi bien que moi. En les
lui rappelant je n'ai nullement l'intention d'a-
moindrir la valeur ou l'utilité de la doctrine nou-
vellement introduite dans la philosophie de la
nature. Je reconnais volontiers avec M. Tyndall
que dans le monde physique chaque antécédent
a un conséquent équivalent ; que « le monde vé-
« gétal, quoique tirant presque toute sa nourri-
« ture de sources invisibles, a été démontré in-
« compétent à engendrer de nouveau, soit de la
« matière, soit de la force ; que sa matière est

1. Briot, *Theorie mécanique de la chaleur*, p. 16 et suiv.

« pour la plus grande partie de l'air transformé, et
« sa force, de la force solaire transformée. » Mais je
n'admets pas de la même manière que « le monde
« animal soit également dépourvu de la faculté
« créatrice, et que toutes ses énergies motrices se
« ramènent à la combustion de sa nourriture ; »
que « l'activité de chaque animal prise dans son
« ensemble se compose des activités de ses molé-
« cules. » Sans doute « les muscles sont des en-
« trepôts de force mécanique ; cette force reste
« potentielle jusqu'à ce que les nerfs lui donnent
« l'essor, puis alors elle se métamorphose en con-
« tractions musculaires. » Mais l'essor de l'activité nerveuse elle-même, d'où vient-il ? Dans les
mouvements réflexes, purement automatiques,
l'excitation qui détermine les ébranlements intestins des filets nerveux vient du dehors ; je n'ai
pas l'intention de le nier ; mais dans les mouvements musculaires libres que je produis, que
j'arrête et que je modifie à mon gré, en peut-il
être de même? La matière organisée, alors qu'elle
n'est pas sous le coup d'une excitation extérieure,
est-elle moins inerte que l'inorganique? C'est en
vain que je cherche dans le discours de Belfast et
dans les autres écrits de l'illustre professeur des
réponses à ces questions. La solution la plus
simple serait dans l'occurrence de nier résolù-
ment la liberté humaine; plusieurs physiologistes

modernes ont été entraînés jusqu'à cette extrémité. Mais alors M. Tyndall tomberait dans les
inconvénients que je signalerai plus loin, et que
sa loyauté et sa bonne foi lui font un devoir d'é-
carter. Il ne lui reste donc plus qu'un parti à
prendre, et c'est assurément le meilleur : qu'il
avoue que dans nos mouvements volontaires, il
y a une force extérieure aux filets nerveux, dont
l'activité spontanée et libre excite le nerf, et détermine, par ce moyen, la contraction des fibres
musculaires; qu'il convienne en même temps que
le principe de la conservation de l'énergie n'est
pas applicable à ces mouvements. Le savant secrétaire de la Société scientifique de Bruxelles,
le P. Carbonnelle, n'arrive pas à une autre conclusion dans ses études philosophiques sur la
thermodynamique : dans les phénomènes volontaires, dit-il, « le système des atomes qui concou-
« rent à former le corps de l'homme ou de l'ani-
« mal est soumis à des actions matérielles non
« atomiques, c'est-à-dire, à des actions que la
« mécanique, en appliquant à ce système le prin-
« cipe des forces vives, appellerait des forces exté-
« rieures. Il faut donc conclure de ce même prin-
« cipe qu'il se produit pendant ces phénomènes
« une variation dans l'énergie du système, varia-
« tion non compensée par une variation inverse
« dans les atomes extérieurs, et qui par consé-

« quent, tend à altérer la constance de l'énergie
« totale de l'univers [1]. » Dans le dernier congrès
de l'Association britannique tenu à Bristol, M. Hal-
lett a lu un travail où il soutient également que
le principe de la conservation des forces ou de
l'énergie n'est pas applicable aux phénomènes
vitaux.

Il m'est donc impossible d'affirmer d'une manière générale, avec M. Tyndall, que la doctrine
de la conservation de l'énergie « rattache étroitement la nature à la fatalité. » Dans les mouvements volontaires, une force non atomique, con-
tre-pied parfait de la fatalité, détermine des
ébranlements dans la matière nerveuse ; l'énergie
mécanique de ces ébranlements, estimée conformément aux résultats des expériences de Mat-
teucci, équivaut à un trente-millième de l'é-
nergie développée par la contraction du muscle.
Ces ébranlements se transmettent aux nerfs par
l'intermédiaire du cerveau, car il résulte des faits
physiologiques que l'activité de l'agent volontaire s'exerce immédiatement sur les *hémisphères cérébraux.* D'après le docteur Luys, les
grosses cellules nerveuses des régions profondes
de l'écorce cérébrale seraient le point de départ
de la motricité. « Faut-il admettre, dit le P. Car-

1. *Etudes religieuses,* 1e série t. VI, p. 113.

« bonnelle déjà cité, que les forces volontaires
« agissent directement sur chaque masse ato-
« mique » des hémisphères « pour la déplacer,
« ou bien qu'elles modifient seulement la loi sui-
« vant laquelle chaque atome agit naturellement
« sur les autres atomes? Y a-t-il un ou plusieurs
« points qu'on puisse regarder comme leurs cen-
« tres d'action, c'est-à-dire, comme leurs siéges?
« Y a-t-il une loi géométrique qui règle les in-
« tensités suivant les distances entre ces derniers
« points, s'ils existent, et les points d'application,
« suivant les masses des atomes influencés et
« d'autres nombres qu'on appellerait les masses
« des centres d'action volontaire? » Le savant
secrétaire de la Société scientifique regarde, et à
bon droit, ces questions comme insolubles; elles
le sont présentement et le seront probablement
toujours. Il est heureux pour l'esprit humain
que la réalité d'un phénomène ne soit nullement
ébranlée par l'ignorance où nous pouvons être
de ses lois. Sans cela, l'action de l'âme sur le
corps, les énergies moléculaires et une infinité
d'autres choses seraient rayées du coup de l'ordre
des existences.

VIII

LA DOCTRINE DE L'ÉVOLUTION SUIVANT
M. HERBERT SPENCER.

Après une longue et laborieuse traversée,
M. Tyndall est sur le point d'arriver au port.
Les linéaments de la théorie matérialiste de la
vie, qui ne s'étaient montrés que d'une manière
confuse et à travers une brume plus ou moins
épaisse dans le système de l'origine des espèces
et dans le principe de la conservation de la force,
vont apparaître à nos regards dans toute la netteté et la perfection de leurs formes. L'exposé en
fut fait pour la première fois, il y a une ving-
taine d'années, par M. Herbert Spencer : ce philosophe prit cette théorie pour base de son système de psychologie. M. Spencer est un penseur
profond ; il a beaucoup lu, beaucoup étudié et

possède un talent remarquable de coordination; ses ouvrages sont nombreux et fort estimés. Quant à l'exposition de la théorie de la vie, elle est, au jugement de M. Tyndall, des plus heureuses : une « émotion intellectuelle latente » anime tout le discours. On sent, ajoute l'illustre président du congrès de Belfast, « que les gan- « glions de l'apôtre de l'entendement sont quel- « quefois le siége d'un frémissement poétique « naissant. »

« Les personnes qui se sont occupées des belles « expériences de M. Plateau, » dit M. Tyndall parlant au nom de M. Spencer, « se rappelleront « que lorsque dans un mélange d'alcool et d'eau « ayant même densité que l'huile d'olive, on « amène au contact deux petites sphères d'huile, « ces sphères ne se réunissent pas immédiate- « ment. Une sorte de pellicule semble se former « autour des gouttes et sa rupture est immédiate- « ment suivie de la réunion des deux globules en « un seul. Il y a des organismes dont les actions « vitales sont presque aussi purement physiques « que celles de ces gouttes d'huile; ils viennent « en contact et se fusionnent les uns dans les au- « tres. » Ce mot *presque* est délicieux : si je ne le faisais ressortir, il passerait probablement inaperçu, d'autant que M. Tyndall est fort disposé à ne s'en souvenir plus. Est-ce donc un terme sans

valeur? M. Claude Bernard, le plus ingénieux et
le plus habile des physiologistes français, affirme de la façon la plus péremptoire qu'une
« idée créatrice » se développe et se manifeste
au sein de la matière organisée; que cette idée
appelée encore par lui, idée directrice, idée définie, force vitale, « n'appartient ni à la chimie,
« ni à la physique, ni à rien autre chose; » elle
est l'apanage exclusif de la vie. Les physiologistes sérieux, j'entends par là ceux qui ont beaucoup expérimenté, tiennent le même langage.
Que dire alors de ces organismes apparaissant
dans le champ de la loupe ou du microscope
comme des globules homogènes assez semblables
à ceux de l'expérience de M. Plateau, et capables
de se fusionner les uns dans les autres quand on
les met en contact? Si ces globules sont de véri-
tables organismes, ne convient-il pas de leur attribuer les propriétés essentielles que l'étude expérimentale a reconnues dans la matière organisée? Ou tout au moins, n'est-ce pas aller à
l'encontre des principes de la méthode positive,
que de les leur dénier, par cela que l'exiguïté de
leurs parties constituantes et le pouvoir limité de
nos instruments ne permettent pas de les soumettre à une analyse directe et rigoureuse? Dans
l'étude microscopique des roches si brillamment
inaugurée par M. Sorby, le géologue refuse-t-il

aux cristaux infinitésimaux de ses plaques polies,
les relations que l'expérience a constatées, dans
les masses sensibles, entre les propriétés optiques
et la forme cristalline? M. Tyndall alléguera
peut-être la similitude des caractères extérieurs
entre les globules inorganiques et ces globules
organisés. C'est à tort; car il sait fort bien que
l'identité même des caractères extérieurs n'est
pas un signe certain de l'identité des activités
internes. Un œuf animal quelconque ne ren-
ferme qu'une cellule germinative et un liquide
granuleux, et pour l'œil armé des plus forts gros-
sissements du microscope tous les œufs se res-
semblent au point de ne pouvoir être discernés :
on dirait, dit Agassiz, que tous les animaux sont
capables de sortir du même œuf. Est-ce que l'analyse photo-chimique n'a pas fait découvrir dans
le proto plasma des cellules nerveuses, réputé
jusque-là homogène, une complexité excessive
d'organes élémentaires? Au reste, si M. Tyndall
persiste à refuser à ces organismes rudimen-
taires l'*idée créatrice* de M. Claude Bernard,
distincte des forces physiques, il ne peut éviter
l'inconvénient de devoir l'introduire tôt ou tard
dans la série de l'évolution animale.

« M. Spencer conduit son argumentation, dit
« M. Tyndall, en partant de semblables orga-
« nismes, et en suivant une gradation toujours

« ascendante de ces organismes à d'autres qui ne
« diffèrent des précédents que par une faible
« nuance de perfectionnement. » Le principe de
l'argumentation de l'illustre philosophe est le
suivant. Dans les phénomènes de la vie il faut
tenir compte de deux facteurs : le premier est
l'organisme ; le second, le milieu où l'organisme
se développe. Le milieu agit sur l'organisme et
ce dernier en est influencé ; les relations externes
modifient les relations internes. Après les beaux
travaux de M. Claude Bernard, il n'est permis à
personne de douter de l'influence du milieu sur
la matière organisée, notamment de celle du milieu intérieur. Pour ce qui est du milieu extérieur, son influence a été rendue manifeste par
un grand nombre de physiologistes, et en parti-
ticulier, par M. de Quatrefages. Mais il y a influence et influence. Qui me dit que le progrès
organique signalé par M. Spencer et dont la continuité est loin d'être aussi entière qu'il le suppose, est dû à l'influence du milieu ? Les objections soulevées à l'occasion du système de
M. Darwin sur l'origine des espèces ne sont-elles
pas applicables ici ? Mais, je l'ai déjà avoué, j'ai
un faible pour la théorie de l'évolution. Je consens donc volontiers à regarder, à titre d'hypothèse, l'influence du milieu comme la cause productrice de ces modifications organiques. Je suis

même tout disposé à admettre avec M. Spencer,
malgré l'étrangeté et l'étendue de la concession,
que « dans les organismes les plus bas, on trouve
« une sorte de sens tactile répandu à la surface
« de tout le corps; qu'alors, par une suite d'im-
« pressions du dehors et des adaptations qui leur
« correspondent, des portions spéciales de la sur-
« face deviennent plus que les autres sensibles
« aux stimulants : les sens sont à leur état nais-
« sant;... que l'action de la lumière semble être
« dans le règne animal un simple trouble de
« nature chimique semblable à celui qui s'effec-
« tue dans les feuilles des plantes; que, par de-
« grés, l'action se trouve localisée dans un petit
« nombre de cellules pigmentaires plus sensibles
« à la lumière que le tissu qui les environne :
« l'œil commence. Il est d'abord simplement ca-
« pable de révéler les différences de lumière et
« d'ombre produites par des corps très-voisins...
« L'adaptation continue ; il survient au-dessus
« des granules pigmentaires un léger gonflement
« de l'épiderme, une lentille commence à se for-
« mer, et par une suite indéfinie d'adaptations,
« elle finit par atteindre la perfection qui carac-
« térise l'œil d'un faucon ou d'un aigle. Il en est
« de même des autres sens. » En accordant tout
cela, je le confierai à M. Tyndall, je crois me
sentir les ganglions agités d'un frémissement

poétique assez accentué. Mais, poésie ou réalité,
avec une réserve que je ferai tout à l'heure, j'accorde tout. Cependant, que M. Tyndall ne m'en
veuille pas, il faut que toute chose ait une fin.
Nous sommes ici en pleine hypothèse. Tant que
l'hypothèse coordonne les faits et ouvre des voies
nouvelles aux recherches, je la suis avec trans-
port, j'applaudis aux efforts de ceux qui la soutiennent et qui s'attachent à en agrandir la probabilité ; mais du moment que, maniée par des
mains maladroites, elle prétend ébranler des vérités acquises, renverser par exemple la propriété
du carré de l'hypoténuse, je m'arrête incontinent ; je repousse les exagérations de l'idée hypo-
thétique et je maintiens fermement dans mon
esprit ma croyance au théorème de Pythagore.
Quel est le théorème, demandera M. Tyndall,
que la doctrine de l'évolution essaye de ruiner?
Le voici.

« Avec le développement des sens, les adap-
« tations entre l'organisme et son entourage
« s'étendent graduellement dans l'espace... et
« dans le temps. Concurremment avec cette ex-
« tension... les adaptations augmentent aussi en
« spécialité et en complexité, en passant par les
« divers degrés de la vie animale et en se pro-
« longeant dans le domaine de la raison. » On
pourrait peut-être douter du sens que M. Spencer

5.

attribue à cette dernière phrase ; celui que M. Tyndall lui donne n'est pas douteux. Le savant physicien dit plus loin : « Mettant de côté tout dégui-
« sement, je crois devoir vous faire la confession
« que, en remontant par la pensée au delà de
« toute démonstration expérimentale, j'aperçois
« dans la matière la promesse et la puissance
« d'engendrer toute forme de la vie. » Eh bien,
voilà ce que la raison humaine ne peut admettre.
Plus haut j'ai évité d'introduire dans la discussion la question relative à l'apparition du pouvoir
de perception sensible dans les animaux supérieurs, si tant est que les animaux inférieurs,
comme il est permis de le croire, ne soient que
des organismes animés de mouvements réflexes.
Je l'ai fait uniquement pour ne pas accumuler les
difficultés sur la théorie de M. Tyndall. Mais il
m'est impossible de ne pas relever, en la convain-
quant de fausseté, une assertion doctrinale qui
fait dériver de la matière par voie d'évolution ou
de transformations successives, le pouvoir intelligent et libre que Dieu a accordé à l'homme.

IX

OPPOSITION ENTRE LES CONCLUSIONS MATÉRIALISTES DE LA
THÉORIE DE L'ÉVOLUTION ET LES DONNÉES DU SENS IN-
TIME. — EXISTENCE DE LA LIBERTÉ HUMAINE.

J'ai l'intention de montrer que la théorie de
M. Tyndall est en contradiction manifeste, non
pas seulement, comme le savant professeur le
prétend, avec les besoins éthiques de l'humanité,
mais aussi avec les exigences rationnelles de
notre nature. Je trouve dans le phénomène de
la perception sensible un point d'appui pour la
doctrine que j'ai dessein d'établir ; je veux en
profiter [1]. Deux choses sont à distinguer dans la
perception sensible : la sensation et la percep-

1. Voir M. Domet de Vorges, *La métaphysique en présence des sciences*, pp. 25 et suiv.

tion. « Sentir est une chose, dit Reid, percevoir
« l'objet de la sensation est une autre chose qui
« doit être rapportée à une autre faculté. » La
sensation, en effet, ne sort pas du moi; la perception atteint les objets extérieurs. C'est ce que
M. Tyndall entend affirmer, je crois, quand il
déclare, dans un langage d'ailleurs assez peu
correct, que l'acte de voir livre seulement à la
conscience l'impression faite sur la rétine, et
celui du toucher, le changement opéré dans les
nerfs tactiles, et qu'attribuer à une réalité extérieure la causalité objective de ces impressions
ou représentations, « ce n'est pas énoncer un fait,
« mais tirer une induction. » L'union constante,
accusée par la conscience, de la sensation et de
la perception dans le phénomène de la perception sensible, suppose aussi deux choses : une
tendance générale, innée et irrésistible, de notre
nature sensible, je veux dire de nos facultés de
connaître par l'intermédiaire des sens, à l'objectivation extérieure, et une détermination plus
particulière et plus individuelle de cette objectivation. Dans les perceptions tactiles et visuelles,
les seules dont il faille nous occuper ici, cette
détermination particulière et individuelle relève
en partie de la tendance naturelle et en partie de
l'expérience ou de l'éducation, c'est-à-dire, de
l'analyse et de la comparaison des sensations

visuelles et tactiles entre elles et avec celles que
les mouvements de notre corps font naître en
nous. Je n'ai pas à m'étendre sur ces principes
après les développements que M. Helmholtz leur
a donnés dans ses écrits : je ne les ai rappelés
que pour prévenir les équivoques. J'insisterai
seulement sur le fait fondamental attesté par la
conscience et admis par M. Spencer aussi bien
que par M. Tyndall, savoir, que dans nos perceptions sensibles nous sortons réellement du
moi, franchissant sans crainte, par un élan spon-
tané de notre nature, le pont formidable qu'une
école philosophique, jadis célèbre, maintenant
tombée dans le discrédit universel, ne se croyait
pas le droit de traverser.

Cela posé, voici mon argumentation. Nous devons accepter notre nature raisonnable dans sa
totalité, avec toutes ses facultés de connaître et
toutes ses tendances innées ; il n'est loisible à
personne de la diviser, de la morceler, et en y
faisant pour ainsi dire des parts, de l'amoindrir
par un triage complétement arbitraire. Dès
qu'une tendance ou une faculté en exercice impose à notre conviction le terme de son acte, et
cela constamment, universellement, elle témoigne
par cela même, d'une manière non équivoque, de
sa légitimité. La répudiation d'une faculté ou
tendance ainsi accréditée serait une mutilation de

la nature humaine, un acte comparable au suicide. C'est néanmoins cette mutilation de nous-mêmes et ce suicide que commettent les physiologistes contemporains, car je n'ose les appeler philosophes, qui dénient à l'homme sa plus noble prérogative, la liberté. « Chacun de nous se con-« naît lui-même, dit le P. Carbonnelle, non-seule-« ment d'une connaissance indirecte comme l'au-« teur de ses actions, mais en lui-même et d'une « connaissance directe... comme l'agent unique « et simple d'actions multiples et composées, « comme l'agent identique et permanent d'actions « changeantes et passagères »[1]. Par cette connaissance que nous avons de nous-mêmes, une des plus hautes auxquelles nous puissions aspirer dans l'ordre naturel, nous voyons clairement, certainement, sans l'ombre du plus léger doute, et il est facile à chacun de le constater, que nos actions dites volontaires sont indépendantes de toute nécessité, soit extérieure, soit intérieure : les motifs d'action proposés par l'intelligence sollicitent plus ou moins vivement la volonté, mais ne la déterminent pas. Il en résulte que cette activité interne, volontaire et libre, et je me permets d'attirer l'attention de M. Tyndall sur ce point, tout évident qu'il soit, ne peut être ni une

1. *Etudes religieuses*, ibid., p. 403.

activité atomique, ni une résultante ou transformation quelconque d'activités atomiques, le caractère propre et essentiel des activités atomiques et de leurs transformations étant la nécessité. Faire de l'homme un simple composé d'activités atomiques, c'est le soumettre à toute la rigidité des lois de la nature matérielle : c'est réduire les déterminations humaines à un problème de dynamique. Quand donc M. Tyndall me demandera, comme à M. Martineau, d'un ton triomphant et avec des parfums de poésie que je regrette de ne pouvoir reproduire : la mer des Antilles et le soleil qui la réchauffe de ses rayons, est-ce de la matière ? je dirai oui. La vapeur qui flotte dans l'air froid et qui en se condensant donne naissance aux fines gouttelettes du nuage, ou à l'étoile de neige que l'on rencontre sur le sommet des Alpes et dont la beauté surpasse celle des pierres précieuses, est-ce de la matière ? je dirai oui. Le gland qui, tombé dans la terre humide et échauffé par le soleil, enfante le chêne, la graine qui produit dans le lys des champs un éclat supérieur à celui des vêtements de Salomon, est-ce de la matière ? je dirai oui ; mais j'ajouterai : il y a toutefois dans cette matière une sorte de mise en présence des éléments, une organisation, que l'étoile de neige ni rien d'inorganique ne produiront jamais. Et le germe humain que neuf mois de

gestation suffisent à transformer en homme par
une série de prodiges inouïs, est-ce, au début,
tout simplement de la matière organisée? S'il le
faut et si je le puis faire sans le scandale de mes
amis, je dirai encore oui. Et l'enfant lui-même,
sortant du sein de sa mère, faible et délicat, mais
capable de sentir et bientôt de comprendre et de
vouloir, est-ce de la matière? Eh bien, à cette
question je me tairai, et avec l'émotion dans le
cœur et la conviction dans l'âme, je demanderai
à M. Tyndall, qui a reçu une nature raisonnable
comme la mienne, de répondre pour moi. Non,
il n'y a pour le savant professeur que cette alternative : ou il doit taxer d'illusion le témoignage
des sens et renoncer à la science physique qu'il
adore, ou il doit reconnaître, conformément au
témoignage de la conscience, la présence dans
l'homme d'une activité libre, non atomique et
par suite immatérielle, principe unique de l'intuition sensible, de la pensée et de la volonté.
Que les matérialistes le sachent donc, le caractère
de non-atomicité dans l'agent volontaire est la
pierre angulaire du spiritualisme : tant que ce
caractère sera debout, et il le sera toujours, leurs
efforts resteront impuissants.

X

MATÉRIALISME DE M. TYNDALL.

Un jour que, fatigué outre mesure, M. Tyndall
était assis sur le flanc déchiré du mont Cervin et
qu'il laissait aller son esprit aux idées vaporeuses
et mal terminées de sa théorie matérialiste, il se
prit à se demander : « Des questions semblables
« sont-elles permises ? sont-elles saines pour l'es-
« prit ? ne devraient-elles pas être étouffées par
« une vie active ? » Je ne sais si je me trompe,
mais il me paraît que l'illustre professeur est sous
le coup de pareilles anxiétés, et visiblement ef-
frayé du caractère absolu de son matérialisme,
quand je le vois essayer, mais en vain, d'atténuer
la portée de son funeste système. « La force de la
« doctrine de l'évolution, dit-il, consiste, non

« dans une démonstration expérimentale que le
« sujet ne comporte pas, mais dans son harmonie
« générale avec la méthode de la nature, telle que
« nous la connaissons. En outre, cette doctrine
« puise dans un certain contraste une force rela-
« tive prodigieuse. D'un côté, nous avons une
« théorie dérivée, non de l'étude de la nature,
« mais de l'observation des hommes : une théorie
« qui convertit le pouvoir dont nous voyons le
« vêtement dans l'univers en un ouvrier travail-
« lant comme un homme, et suspendant son tra-
« vail pour se reposer, ainsi que fait un homme :
« un vrai fabricant d'atomes, un faiseur d'â-
« mes. » D'un autre côté, « nous avons la concep-
« tion que tout ce que nous voyons et tout ce que
« nous sentons, les phénomènes physiques de la
« nature et ceux de l'entendement humain, ont
« leur principe à jamais mystérieux dans une vie
« cosmique (si l'on me permet l'emploi de ce
« mot) dont l'investigation humaine ne peut
« mettre à découvert qu'un élément infinitési-
« mal. Nous pouvons suivre à la trace les rami-
« fications d'un système nerveux, et en conclure
« les phénomènes parallèles de sensation et de
« pensée. » Il est vrai, ajoute le savant physicien,
que ce parallélisme des modifications nerveuses,
de la sensation et de la pensée, exige une connexion entre les vibrations des filets du nerf et le

phénomène psychique, et que cette connexion, il
faut bien l'avouer, nous ne pouvons la comprendre. Cet aveu, que l'évidence arrache à
M. Tyndall, lui apparait-il comme une planche
de salut? Cherchera-t-il à tempérer par son
moyen la crudité de sa doctrine? On le dirait,
car il ajoute : « Lorsque l'on parle des sens à
« leur état naissant,... de la différenciation d'un
« tissu d'abord vaguement sensible,... de la mo-
« dification d'un organisme par son entourage,
« on suppose le même parallélisme sans contact,
« et même sans l'approche d'un contact. Il n'y a
« pas de fusion possible entre les deux classes de
« faits; il n'y a pas d'énergie motrice dans l'intel-
« ligence humaine pour opérer cette fusion sans
« une rupture logique. »

Le lecteur l'a compris : la distinction et l'impossibilité de la fusion des phénomènes purement organiques et des phénomènes psychiques,
dans l'exercice de leur activité aussi bien que
dans leur évolution, est nettement reconnue par
M. Tyndall. Il n'échappera à personne que le
correctif apporté au système esquissé plus haut
peut acquérir une importance capitale, si le célé-
bre professeur de l'Institution royale consent à
attribuer les phénomènes psychiques à un principe à part, distinct de la matière, je veux dire,
non atomique. Mais tel n'est pas le sens du tem-

pérament. M. Tyndall dit ailleurs : « La terre a
« été autrefois une masse en fusion; nous la
« trouvons maintenant non-seulement envelop-
« pée d'une atmosphère et en partie recouverte
« d'eau, mais encore remplie d'êtres vivants.
« Comment y sont-ils venus? » Après s'être posé
la question, le savant physicien la résout de la
manière suivante. N'étaient nos préjugés religieux, nos intérêts de la vie présente, nos craintes
et nos espérances pour la vie future, la conclusion probable de la science « qui reconnaît un
« lien non-interrompu entre le passé et le pré-
« sent, serait assurément que la terre en fusion
« contenait en elle-même des éléments de vie
« qui se sont groupés sous leurs formes actuelles
« à mesure que le globe s'est refroidi;... nous
« admettrions sans hésiter que la vie végétale et
« la vie animale, » l'homme compris, « provien-
« nent de ce que nous appelons la nature inorga-
« nique. » Qui pourrait croire, en effet, que ces
êtres se sont formés d'une manière différente de
celle de la terre qui les environne ? « Leur sub-
« stance et celle de la terre ne sont-elles pas
« identiques? » Le doute n'est donc pas possible :
le matérialisme brutal, absolu, universel de la
philosophie ancienne, telle est bien la doctrine
de l'illustre président du congrès de Belfast ;
voilà, s'il faut l'en croire, le dernier mot de la

science contemporaine dans le problème de notre origine et de nos destinées, le résultat de trois siècles de luttes et de travaux. Par respect pour cette science que M. Tyndall cultive et qu'il a illustrée, par intérêt pour les jeunes intelligences qui me liront, pour l'honneur de l'esprit humain que ces conceptions insensées abaissent et dégradent, j'avais cru un instant pouvoir introduire quelques adoucissements dans le système philosophique préconisé à Belfast. Je n'ai pas tardé à être désillusionné. M. Tyndall est d'avis que les définitions classiques de la matière sont à refaire. Trop longtemps déjà, dit il, nous n'avons tenu compte dans ces définitions que des propriétés physiques et mécaniques de la chose définie. Puisque aux limites de l'organisation les protogènes de Haeckel « ne diffèrent d'un fragment « d'albumine que par leur caractère finement « granuleux » et que, comme cela se fait voir dans les aimants, les propriétés du tout sont celles des parties et réciproquement, il faut dire désormais avec Giordano Bruno : « La matière « n'est nullement cette simple capacité vide que « les philosophes ont décrite ; c'est la mère com- « mune de tout ce qui existe ; elle enfante toute « chose comme le fruit de son propre sein ; » et pour comble de déraison, il faut ajouter avec Lucrèce : « Quant aux Dieux, ils ne s'en mêlent point. »

Ces paroles de Lucrèce, qui résument toute la philosophie de M. Tyndall, serviront de transition entre la question du principe de vie dans l'homme, que je viens de traiter, et celle de Dieu, de sa nature, de son existence, qu'il me reste à exposer. Ce point de doctrine est le dernier que le discours présidentiel de Belfast offre à notre étude.

XI

ATHÉISME DE M. TYNDALL. — L'APPEL AUX HYPOTHÈSES
OU UN DES PROCÉDÉS ESSENTIELS DE LA RAISON.

M. Tyndall en remontant le cours des âges,
l'histoire en main, distingue dans l'esprit humain
deux tendances très-différentes et à peu près
opposées : la tendance qu'il appelle analytique,
et une autre qu'il nomme la tendance synthétique. « Les hommes de sentiments élevés, dont
« les cœurs sont ouverts aux nobles et aux douces
« émotions, tous ceux dont les satisfactions sont
« plutôt éthiques que logiques dans leur nature,
« composent le groupe synthétique. » Le brillant
professeur de l'Institution royale ne fait pas partie de cette catégorie; il appartient au groupe
analytique, lequel « comprend les intelligences

« plus froides, qui se complaisent dans la recher-
« che des vérités plus précises et plus mécani-
« ques, s'adressant plus spécialement à l'enten-
« dement. » D'après M. Tyndall, les hommes à
tendances analytiques « adoptent volontiers, »
dans la question du premier être, « une sorte de
« panthéisme; » tandis que ceux du groupe synthétique, qui obéissent plus souvent aux élans de
l'émotion qu'aux lois de la logique, « sont portés
« à supposer un créateur détaché. » Que le lecteur veuille bien le remarquer : tous les mots sont
à peser. Adopter volontiers, dénote certaine conviction ; être porté à supposer, exprime plutôt
l'hypothèse.

Chacun a ses défauts où toujours il revient, a
dit le poëte fabuliste. Par l'effet de ses tendances
analytiques, M. Tyndall repousse tout naturellement la notion d'un créateur distinct du monde :
« l'idée d'un fabricant d'atomes et d'un faiseur
« d'âmes, dit-il, nous donne lieu de douter que
« ceux qui l'ont émise aient jamais bien compris
« la grandeur du problème dont ils proposent
« une pareille solution. » Au reste, ajoute-t-il, le
créateur devrait être infini, et on ne peut pas
« conclure logiquement l'existence d'un Dieu
« infini de celle d'un nombre d'êtres finis, quel-
« que grand qu'il soit. Car évidemment la con-
« clusion contiendrait beaucoup plus que les pré-

« misses. » Le président du congrès de Belfast
admet donc plus volontiers, avec les panthéistes
de tous les temps, qu'il y a dans les atomes, dans
l'univers sans bornes, « dans le chœur du ciel,
« une certaine force, familièrement appelée la
« vie, qui peut être regardée comme l'essence
« ultime de la matière ; » et en dehors de cette
substance universelle qui est à la fois matière et
vie,... le néant.

Ce n'est pas que M. Tyndall soit sans éprouver
parfois les besoins de l'émotion et qu'il n'obéisse
par moments aux tendances synthétiques. Dans
un certain état de température intérieure, l'illustre professeur est parfois saisi d'une crainte res-
pectueuse à la vue du ciel étoilé ; il a même des
retours de ce genre dans son cabinet de travail.
Cela arrive d'ordinaire « dans les moments de
« santé et de force d'esprit et de corps, quand
« l'ardeur de l'action a cessé et que le calme de
« la réflexion est venu. » M. Tyndall est même
assez porté à admettre qu'il n'est pas possible à
l'homme de se dépouiller entièrement de ces
besoins émotionnels. Dans ces moments de calme
et de force d'esprit, le savant physicien a essayé,
par le procédé de la peinture mentale, de donner
« une forme objective, personnelle ou autre, » à
la force supérieure créatrice qu'il voyait resplen-
dir dans l'univers. Cette fois encore, la *corstel-*

lungs-kraft a été complétement impuissante ; au
moment où M. Tyndall croyait la saisir, la force
mystérieuse s'échappait et se refusait ainsi obsti-
nément à toute manipulation intellectuelle. Par
suite de ces expériences, M. Tyndall « n'ose l'ap-
« peler une intelligence; il se refuse même à la
« nommer une cause. » Je ne sais si le lecteur
éprouve la même impression que moi : toutes
ces divagations, qui paraîtraient plaisantes si
elles n'étaient tout simplement lamentables, produisent dans le cœur un froid glacial et dans
l'intelligence l'effet du vide. Fallait-il étudier
jusque dans les plus menus détails les phénomènes de la chaleur et de la lumière, mesurer la
marche des glaciers, assister à la formation de l'é-
toile de neige, contempler les nébuleuses et expliquer le bleu azuré des cieux, pour en arriver là !

Je suis un philosophe de bien maigre valeur
pour entreprendre de démontrer au savant professeur de l'Institution royale l'existence d'un
Dieu créateur, Maître et Seigneur de toutes
choses. Je serais beaucoup plus à mon aise, je
l'avoue, si au lieu d'avoir à traiter d'une vérité
si haute, je devais établir par le raisonnement
quelque point de doctrine dans le domaine de
l'analyse, de la physique ou de la géométrie. Il
pourrait se faire toutefois que mon peu d'habitude, mon incapacité, si l'on veut, dans le ma-

nicment des arguments purement métaphysiques,
fussent précisément dans la circonstance présente une qualité, voire même un secours. Plusieurs des doutes de M. Tyndall, fondés sur
l'ignorance ou sur l'oubli des premiers principes
de la raison dans l'ordre de l'acquisition de nos
connaissances, dans une certaine mesure, ont été
les miens ; ses difficultés, ses répugnances, les
miennes ; comme lui j'ai en horreur « les paroles
« inutiles qui ne conduisent à aucun résultat et
« laissent l'intelligence dans une obscurité éter-
« nelle. » Pour moi, comme pour lui, la méthode
expérimentale est la voie droite et sûre qui conduit à la vérité. Nonobstant mon ignorance des
procédés de la haute dialectique, je crois donc
pouvoir tenter l'épreuve.

Il ne m'a pas été donné, comme à M. Tyndall, de goûter le plaisir de longs et aventureux
voyages : je n'ai vu ni le Grimsel et ses hiéro-
glyphes sculptés par la main des glaciers, ni le
lac Maeril aux falaises de cristal, ni le Weisshorn,
ni le Cervin, ni le Mont-Blanc ; « la lumière
« dorée de l'astre du jour étincelant sur la jeune
« verdure, et entourant d'auréoles le tronc et le
« feuillage des sapins, ou les ombres moelleuses
« des buissons et des roches s'étendant sur la
« prairie, » ont été jusqu'ici toutes mes jouis-
sances. Cela signifie que n'ayant jamais dépassé

les limites d'un horizon assez étroit, je n'ai pu
contempler les merveilles de la ville éternelle :
j'ai honte de le dire, je n'ai pas été à Rome. Et
cependant, je le proclame bien haut, sans crainte
que cet aveu tourne au déshonneur' de ma raison, je suis certain que Rome existe, bien certain, très-certain ; tout aussi certain que de n'importe quel théorème d'algèbre ou de géométrie,
et, à coup sûr, plus certain que de beaucoup de
propositions de physique. Je suis convaincu que
M. Tyndall en dira autant de toutes les villes célèbres qu'il n'a pas visitées. Que signifie cette
croyance? Faut-il y voir un phénomène de nos
facultés de connaître, passager, sans importance ;
une foi bienveillante et mal assise qu'un peu de
réflexion suffit à ébranler? Ou bien faut-il la regarder comme le résultat en même temps que
l'expression d'une loi de notre esprit, loi fondamentale, universelle, avec laquelle nous sommes
obligés de compter si nous ne voulons pas courir
le risque de nous égarer dans la poursuite du
vrai? Je penche fort de ce dernier côté. Il y a
plus, je suis persuadé que le sujet mérite que
nous nous y arrêtions. Les fondements d'une
croyance générale qui s'impose à la raison et
force l'intelligence, sont utiles à rechercher ; c'est
un terrain solide où il est permis à chacun de
bâtir en toute sécurité.

L'agent intérieur, non atomique, dont nous avons reconnu la présence en nous par les procédés de la méthode expérimentale, est capable d'éprouver des *sensations*, d'avoir des *perceptions* et de concevoir des *idées*, comme la conscience et le sens intime nous l'attestent. Les sensations proprement dites, aussi bien que les idées, sont exclusivement des phénomènes du moi ; la certitude que nous en avons est aussi entière qu'il est possible de l'imaginer : c'est la certitude du moi contemplant le moi. Dans l'acte de la perception sensible, au contraire, alors que notre affirmation quitte le moi et se porte au dehors, une tendance de notre nature, innée, impérieuse, irrésistible, intervient, comme je l'ai dit, et concourt pour sa part à la production du phénomène. A l'origine de notre vie, cette tendance dirigea les premiers efforts de nos facultés de connaître, dans leurs relations avec le monde extérieur. Plus tard, quand la réflexion vint et que de fréquents retours sur nous-mêmes eurent engendré le doute, nous commençâmes à faire la critique de nos connaissances. Dans ce travail délicat, mais nécessaire, ne nous sommes-nous pas surpris parfois à suspecter cette tendance naturelle à l'objectivation extérieure ? Un de mes amis, qui possède un sens philosophique très-élevé, m'a assuré avoir révoqué en doute fort

6.

sérieusement, à l'âge de neuf ans, la réalité objective de ses perceptions sensibles. Pour nous dégager de ce doute pénible et raffermir la confiance que nous avions accordée d'instinct à une tendance naturelle de nos facultés de connaître, nous nous servîmes, si je ne me trompe, du moyen suivant. Nous plaçant dans les conditions d'un homme qui se trouverait enfermé dans une chambre close, à parois translucides, et qui, sans autre relation avec le monde extérieur, verrait passer de temps en temps sur les murs de sa prison les ombres des corps, nous nous sommes demandé quelle pouvait être la cause des impressions faites sur nos organes, et dont nos perceptions sensibles, accusées par la conscience, étaient tout au moins le témoignage incontestable. D'une part nous avions la certitude intime que, dans ces phénomènes du moi, nos activités intérieures et volontaires n'étaient pas en jeu; d'autre part Dieu, dont nous connaissions déjà l'existence, je le suppose, ne pouvait pas nous tromper au point d'agir lui-même directement sur nos organes tout en nous déterminant, par une impulsion irrésistible, à placer ailleurs l'origine de ces actions; cette supposition, en effet, n'était guère probable. Restait donc la troisième hypothèse, savoir, que l'activité des corps extérieurs était la cause efficiente et véritable de ces impressions sensibles. En admettant de plus que ces corps possédaient réellement les propriétés de forme, d'étendue, de résistance, etc., que nous avons l'habitude de leur attribuer ; en admettant que les actions qu'ils avaient la puissance d'exercer sur nos organes recevaient de ces propriétés des caractères propres et spécifiques, nous nous rendions raison tant de la distinction et de la variété de nos impressions sensibles que du fait même de notre tendance naturelle et instinctive à les objectiver au dehors. Dans ces conjonctures, le doute même spéculatif ne nous parut plus permis ; nous n'hésitâmes pas à regarder notre tendance naturelle à l'objectivation comme une impulsion ayant le vrai pour terme ; nous fûmes convaincus que les corps extérieurs existent réellement hors de nous, et qu'ils sont conformes dans tous les points essentiels au jugement que nous en avions porté jusque-là. Tel fut le procédé d'investigation que nous suivîmes d'une manière formelle ou équivalente, distincte ou confuse, pour sortir de notre premier doute philosophique ; on pourrait le nommer l'*appel aux hypothèses.*

Je me permets d'attirer l'attention de M. Tyndall sur ce mode de raisonnement ; sa portée est immense ; il sert de base à l'induction et c'est, à mon avis, la seule voie qui puisse nous conduire à la certitude réflexe dans le passage du moi au non moi. Quoi qu'il en soit, celle que nous nous sommes formée de l'existence de Rome sur le témoignage d'autrui et que je m'étais proposé de soumettre à l'analyse, n'a certainement pas une autre origine. Chaque témoin est faillible de sa nature : par suite, il a pu être le jouet d'une illusion ; sa véracité n'est pas à l'abri de la défaillance : il a pu vouloir me tromper. Il est vrai que l'accord des témoins, le grand nombre des témoignages, une multitude d'événements qui n'auraient pas de raison d'être si Rome n'existait pas, diminuent singulièrement la probabilité de ces suppositions ; mais, à considérer les choses en toute rigueur, la font-ils disparaître entièrement ? Personne ne pourrait le soutenir. Notre esprit est donc mis en demeure de choisir entre une erreur ou une fraude commune, souverainement improbable dans les témoins qui affirment, et la réalité de la chose affirmée. Chacun le sait, et M. Tyndall a dû l'éprouver : dans cette alternative nous affirmons résolûment, et notre affirmation est aussi explicite, aussi entière, aussi certaine en un mot que celle que nous accordons aux vérités les plus évidentes ; et cependant, qu'on veuille le remarquer, la proposition contradictoire n'est pas dénuée pour cela de toute probabilité mathématique, de ce qu'on appelle-

rait dans le langage vulgaire, une possibilité. Il
y a donc là une loi de notre nature raisonnable,
une règle imposée à nos facultés de connaître;
sans elle le témoignage humain perd la plus
grande partie de sa valeur, et l'univers visible
rentre parmi les choses probables, comme je l'ai
montré tout à l'heure. Le savant secrétaire de
la Société scientifique énonce cette loi dans les
termes suivants : une énorme probabilité peut
parfois, pour l'impression laissée dans notre esprit, être parfaitement équivalente à la certitude.
Cela signifie que par le concours simultané de
cette probabilité objective, pour ainsi dire infinie,
et de la tendance innée de notre nature à adhérer
aux vérités de l'ordre pratique ou de l'ordre spéculatif ainsi appuyées, naît en nous la certitude
réflexe. Si quelqu'un doutait encore de l'existence
de cette loi fondamentale de notre esprit, je lui
demanderais comment il se fait que personne
n'hésite à affirmer l'impossibilité pratique où
nous sommes de donner naissance à la suite des
lettres de l'Énéide, par des extractions successives faites au hasard dans une urne qui contiendrait toutes les lettres de l'alphabet, alors que
la probabilité mathématique de l'événement est
parfaitement déterminée et calculable, et que le
fait ne pourrait pas manquer de se produire si
on étendait suffisamment la série des épreuves.

Appliquons maintenant tout ceci à la grande question de l'existence d'un Dieu personnel et créateur.

XII

DÉMONSTRATION DE L'EXISTENCE DE DIEU PAR LE PROCÉDÉ DE L'APPEL AUX HYPOTHÈSES

L'école positiviste ne voit dans le monde qu'une succession de phénomènes disjoints, une chaîne sans fin d'antécédents et de conséquents, où aucun lien de causalité n'unit un antécédent à son conséquent immédiat. Elle a tort : le principe de causalité et le principe de la raison suffisante doivent être rangés au nombre des vérités fondamentales de la raison humaine. Kant lui-même l'avoue, quand il proclame l'impossibilité absolue où nous sommes de nous soustraire à l'instinct rationnel, — ce sont ses propres termes, — qui entraîne notre esprit vers l'affirmation des causes. Les philosophes ont beaucoup discuté sur la na-

ture du principe de causalité, pour savoir si ce
principe appartient à l'ordre des vérités analytiques ou s'il doit être mis au nombre des vérités
synthétiques. Je ne sache pas que ces discussions
aient répandu de vives lumières sur la question.
Pour moi, une chose n'est pas douteuse : c'est
que cette vérité fondamentale s'éveille en nous
concurremment avec la notion et le principe de la
raison suffisante, dans le sentiment que nous
avons de notre activité personnelle et des actes
que cette activité fait surgir en nous. « Il me
« semble, écrit Reid à lord Kames, que si je n'a-
« vais pas conscience de mon activité personnelle,
« je ne pourrais jamais me faire l'idée d'un pou-
« voir actif d'après les choses qui m'environ-
« nent. » Fort heureusement, nous nous sentons
percevoir, penser et vouloir. Nous avons dans le
même temps une idée claire et distincte de la
relation qui existe entre nos perceptions, pensées
ou volontés, et le fonds de puissance, l'agent permanent et toujours identique à lui-même qui
leur donne naissance : nous saisissons ainsi dans
le vif les notions générales de cause et d'effet.
Ces notions une fois acquises, nous ne nous con-
tentons pas d'en faire usage pour nous-mêmes ;
nous les transportons hardiment au monde extérieur. En m'exprimant de la sorte, que M. Tyndall ne prenne pas le change, je ne fais pas de la

théorie ; je ne bâtis pas un édifice a *priori* ; tout
au contraire, je suis en plein dans la pratique de
la méthode expérimentale : j'observe attentivement et soigneusement la manière d'agir de notre
nature raisonnable. Nous pouvons donc le dire
hautement, car la science physique est là pour
appuyer nos paroles ; à tout phénomène qui
surgit nous demandons : d'où venez-vous ? Nous
voulons savoir de tout corps revêtu de caractères
variables, finis et partant non nécessaires, quelle
raison le force à être ainsi ? Qu'est-ce à dire, sinon qu'à tout phénomène qui se produit, nous
attribuons nécessairement une cause ; à toute
modalité déterminée, une raison, quand bien
même nous n'aurions jamais constaté le passage
de cette dernière du non-être à l'être, ou, comme
disent les positivistes, son devenir. Qu'est-ce à
dire encore, sinon que dans la connaissance de
notre activité individuelle et de son terme, dans
la perception des qualités diverses et changeantes
que ce terme reçoit successivement, portés et
soutenus par le ressort de nos facultés de connaître, nous nous élevons au-dessus du particu-
lier, jusqu'à l'intuition des vérités générales et
universelles, dites principes de causalité et de
raison suffisante. Et qu'à ce propos, M. Tyndall
ne vienne pas me dire qu'en agissant de la sorte
nous façonnons le monde à notre image ; car le

mot façonner implique une détermination **libre**
de la part de celui qui façonne, et dans toutes les
opérations que je viens d'énumérer, l'exercice de
la liberté n'a aucune place.

Ces préliminaires étant posés, voici les données à l'aide desquelles M. Tyndall pourra, s'il
le désire, résoudre d'une manière logique et rigoureuse le grand problème de l'existence d'un
Dieu créateur. Le savant professeur demande à
ne pas tenir compte, dans cette recherche, des
besoins éthiques de l'homme. Je n'ai en ce moment aucun motif de ne pas condescendre à ce
désir ; je ne parlerai donc pas d'une manière
explicite de l'ordre qui règne dans l'univers.
Acceptant avec M. Tyndall la théorie nébulaire
de Laplace, je crois que « notre soleil et ses
« planètes étaient autrefois répandus dans l'es-
« pace sous la forme d'une vapeur impalpable, »
et que l'universalité des phénomènes physiques,
avec toutes les relations de stabilité et d'harmonie
du monde, dérivent forcément de l'état primitif
de la grande nébuleuse. Je me contenterai de dire
au savant professeur : à l'origine des choses,
quand la nébuleuse, en se fractionnant, groupait
ses éléments autour de différents centres et en-
fantait ainsi, avec notre monde planétaire, des
myriades de systèmes stellaires, une énorme
énergie potentielle, source de l'élévation de tem-

pérature et des mouvements de rotation et de translation subséquents, était dispersée dans l'amas de vapeurs; car telle est l'exigence du principe de la conservation de l'énergie. Cette énergie potentielle, d'où venait-elle? Pourquoi dans la durée infinie de son existence antérieure n'avait-elle pas produit ses effets naturels? Et ce qui fait l'essence de cette vie cosmique originelle, comme le président du congrès de Belfast l'appelle, je veux dire l'activité atomique des éléments de la matière nébulaire, où avait-elle pris, avec son être, entre mille lois diverses, la loi spéciale de son action?

Plus tard, quand les forces atomiques eurent arrondi les mondes et que la vie végétale et la vie animale eurent fait leur apparition dans les eaux tièdes des mers primitives, ou à la surface de la terre refroidie, une *idée créatrice*, pour parler le langage de la science contemporaine, se répandit au sein de la matière inorganique. Cette *idée créatrice*, d'où était-elle sortie?

Enfin, quand le roi de la nature fit son entrée dans le monde, un principe non atomique, distinct de la matière, une activité intelligente et libre, vint donner à notre planète son plus bel ornement. Cette activité, de quelles régions descendit-elle?

Le problème que ces questions soulèvent et

ceux que nous avons traités tout à l'heure, au
sujet de l'existence de Rome et des corps étrangers au moi, sont des problèmes parfaitement
identiques. Dans tous les trois, il s'agit pour
notre esprit de trouver, en dehors du moi, la
raison suffisante d'un fait ou phénomène. Que ce
fait soit un accord surprenant de témoignages,
une succession d'impressions sensibles, ou,
comme ici, la coexistence dans le monde de trois
principes d'activité distincts et irréductibles, l'a-
tomique, l'organique et le vital, peu importe;
l'identité des problèmes résulte de l'existence du
fait quel qu'il soit, jointe à la certitude où nous
sommes que ce fait a une raison suffisante, et que
cette raison suffisante est située hors du moi.
Lorsqu'il s'agit d'atteindre à la connaissance
réflexe d'une raison suffisante étrangère au moi,
une seule voie s'ouvre devant nous. Cette voie
nous est connue; nous l'avons parcourue · c'est
la voie de l'*appel aux hypothèses.*

A considérer les choses sérieusement et à leur
vrai point de vue, il n'y a dans le cas présent que
deux hypothèses possibles; M. Tyndall ne fait
pas difficulté à le reconnaître. La première est
l'identification absolue et complète de la vie à
tous les degrés avec la matière; la seconde est la
supposition d'un Dieu Créateur, infini, sans commencement, cause originelle et efficiente de l'ac-

tivité atomique, du principe vital de l'homme et
des animaux, aussi bien que de la forme organique. M. Tyndall adopte la première hypothèse ;
la seconde est admise comme une vérité certaine
par l'universalité des hommes. Serait-il difficile
de faire voir à l'illustre professeur de l'Institution
royale que son intelligence s'est laissé surprendre
ici par quelques apparences trompeuses, et que,
dans la grande question qui nous occupe, le genre
humain est dans le vrai ? Nous ne le pensons pas.
D'abord le *postulatum* de l'éternité de la matière,
sur lequel l'hypothèse adoptée par M. Tyndall
repose, rend celle-ci souverainement improbable,
pour ne rien dire de plus : les contradictions logiques qu'une telle supposition entraîne forcément et que j'ai développées dans un autre travail, les conclusions opposées que l'on peut tirer
de la théorie mécanique de la chaleur, le montrent surabondamment. Mais je laisse ces considérations, et je concentre toute la force de mon
argumentation sur le raisonnement suivant.
Faire de la matière la substance universelle, c'est
identifier avec la matière toutes les autres substances ; c'est réduire le principe vital de l'homme
et des animaux à n'être qu'une force atomique ou
une résultante de forces atomiques ; c'est ramener
l'idée créatrice de l'organisme aux propriétés
inorganiques ; c'est laisser sans solution le pro-

blème de la raison suffisante en ce qui concerne
les activités élémentaires de la matière. Or, une
hypothèse qui range le principe vital des animaux au nombre des forces atomiques, et l'idée
créatrice de la matière organisée parmi les propriétés inorganiques, est pour le moins improbable ; mais par cela qu'elle assimile le principe
vital de l'homme, dont nous avons démontré plus
haut la non-atomicité, aux activités atomiques,
elle est certainement fausse. Ne fût-elle ni improbable, ni fausse, elle resterait encore insuffisante
à expliquer les phénoménalités de l'univers, puisqu'elle ne donne aucune raison de l'existence des
agents élémentaires de la matière et de leur mode
spécial d'activité.

La seconde hypothèse, bien qu'elle ne fasse pas
disparaître ce qu'il y a d'insondable et de mystérieux dans l'acte créateur, satisfait pleinement à
toutes les exigences de nos facultés de connaître.
L'être éternel et infini qu'elle suppose, se trouve
placé en dehors des exigences rationnelles des
principes de causalité et de raison suffisante, par
l'infinité et la nécessité même de son être. Dieu
est; et notre raison ne conçoit pas qu'étant ce
qu'il est, il puisse ne pas être; en présence de
cet être nécessaire, la grande question, d'où
venez-vous, que nous avons posée, par l'impulsion de notre nature, à toutes les réalités du

monde sensible, expire sur nos lèvres. Dieu est; ses attributs sont infinis et nécessaires comme son être; l'idée d'une modification quelconque apportée à un tel être est une idée contradictoire. Le principe de la raison suffisante n'a donc rien à démêler avec l'être infini : celui qui est la plénitude de l'être est à lui-même sa raison suffisante.

En face de ces deux hypothèses dont l'une explique tout et dont l'autre, fausse d'ailleurs et contradictoire, n'explique rien, le doute n'est pas permis. L'intelligence humaine l'a bien compris, car nous la voyons à toutes les époques de l'histoire et chez tous les peuples s'incliner avec respect devant la Divinité et proclamer son existence. C'est qu'avant de se prononcer, l'intelligence de l'homme n'a pas besoin de recourir à l'analyse détaillée que nous venons de faire. Notre raison est prime-sautière : elle a comme d'instinct et spontanément le sentiment intuitif de la vérité objective suffisamment présentée; et ce que nous avons désigné précédemment sous le nom de tendance naturelle de nos facultés de connaître, n'est pas autre chose que ce sens intuitif en exercice.

Puisque, dans la grande question de l'existence d'un Dieu créateur, M. Tyndall est « tout « disposé à se rendre à des preuves convain-

« cantes, et qu'il demande simplement à ses
« adversaires sur quoi ils fondent une croyance
« qu'ils soutiennent avec tant de force et d'achar-
« nement, » je crois l'avoir satisfait. Le savant
professeur aura remarqué sans doute que ce n'est
pas, comme il nous le reproche, « dans la Genèse
« ou dans quelque autre partie de la Bible,» que
j'ai puisé mes arguments.

XIII

NATURE DU PRINCIPE DE LA VIE VÉGÉTATIVE DANS LES PLANTES ET DANS LES ANIMAUX. — NOUVELLE PREUVE DE L'EXISTENCE DE DIEU.

En relevant une à une, comme je viens de le faire, les erreurs les plus saillantes énoncées par M. Tyndall, dans le discours présidentiel de Belfast, j'ai rempli la partie la plus importante de la tâche que je m'étais assignée. La théorie matérialiste de l'illustre professeur était de nature à ébranler la confiance du public catholique dans les principes de la méthode expérimentale, ou tout au moins elle jetait un doute pénible sur la légitimité des applications que l'on peut faire de cette méthode à la philosophie; ses hésitations calculées, ses négations imprudentes, son oubli des lois les plus fondamentales de la raison, en

7.

ouvrant une large porte au scepticisme religieux,
donnaient à l'incrédulité l'appui d'un nom auto-
risé. Je me suis attaché, dans la limite de mes
forces, à dissiper ces craintes mal fondées, en
mettant dans tout leur jour, la réalité et la valeur
des lois naturelles imposées par le Créateur à
nos facultés de connaître. Trois vérités surtout
me paraissent acquises à la discussion par les
explications qui précèdent. La première, que
l'énergie potentielle de la nébuleuse primitive et
la loi spéciale de l'activité atomique, sources de
l'harmonie du monde physique ; l'agent volontaire, de nature non atomique, origine de la
pensée et des déterminations libres de l'homme ;
et probablement aussi, l'idée créatrice reflétée dans
la matière organisée et l'activité perceptive des
animaux supérieurs, sont des phénoménalités ou
entités distinctes et irréductibles, exigeant chacune une cause propre, et par cette cause, une
raison suffisante de leur mode spécial d'existence.
La seconde, qu'il est impossible à notre esprit de
voir dans la matière, quelque définition qu'on en
donne, la cause originelle et efficiente de toutes
ces réalités et phénoménalités distinctes ; car
cette supposition nous forcerait à admettre, d'une
part, que les agents atomiques nécessités dans
l'exercice de leur activité peuvent néanmoins
donner naissance à des déterminations libres ;

d'autre part, que la loi de leur énergie, loi particulière, choisie au milieu d'une multitude infinie
d'autres lois possibles, n'est pas sous la dépendance du principe de la raison suffisante. La
troisième enfin, que cette causalité première et
universelle ne peut être légitimement attribuée
qu'au Dieu un, personnel et infini reconnu par
le christianisme : un Dieu infini étant, seul entre
toutes les réalités possibles, par la nécessité et
l'infinité même de son être et de ses attributs,
hors du domaine des principes de causalité et de
raison suffisante. Il ne me reste plus, pour ache-
ver ce travail, qu'à répondre aux allégations
hasardées ou inexactes, avancées par M. Tyndall
dans les deux écrits postérieurs au discours de
Belfast, dont j'ai fait connaître les titres au commencement de cet article, et par lesquels le savant
professeur se proposait de réduire à néant les
critiques de ses adversaires. Je vais essayer de le
faire avec « cette homogénéité d'expressions, »
cette absence « de haine, de malveillance, d'ai-
« greur, » et même, si c'est possible, avec « la
« largeur et la lucidité d'esprit » que M. Tyndall
requiert dans une discussion scientifique.

J'ai été si souvent en désaccord jusqu'ici avec
M. Tyndall, que j'éprouve le plaisir le plus vif à
pouvoir me déclarer, cette fois, en parfaite communauté d'opinion avec lui sur un point de

doctrine philosophique assez important. Le savant physicien ne peut admettre qu'une âme végétative ait établi son siége dans le tissu organique des plantes. « Comment cette âme végéta-« tive doit-elle être présentée à l'esprit » par le procédé de la peinture mentale? demande M. Tyndall. « Où était-elle avant que l'arbre eût poussé, « et que deviendra-t-elle lorsque l'arbre sera scié « et débité en planches ou jeté au feu?... Cette « âme est-elle localisée ou diffuse? Se meut-elle « d'un point à un autre comme un ouvrier... ou « bien est-elle répandue dans toute la masse » de la plante? « Quelle est sa forme? A-t-elle des « bras et des jambes? Si elle n'en a point, je « prierai que l'on m'explique comment un être « dépourvu de ces organes peut jouer avec tant « de perfection un rôle de constructeur. »

Ces difficultés sont réputées fort sérieuses par l'illustre professeur de l'Institution royale : à son avis, elles montrent, de la manière la plus évidente, les contradictions que l'hypothèse d'une âme végétative résidant au sein de l'organisme végétal entraîne forcément. Aussi éprouve-t-il une sorte de jouissance à les reproduire, quand il se trouve amené, par M. Martineau, à exposer les motifs de son incrédulité au sujet de l'existence de l'âme des animaux et de l'âme humaine.

S'il est triste de voir un homme d'esprit dé-

fendre de mauvaises doctrines avec de mauvaises
raisons, c'est une chose beaucoup plus déplorable
encore, d'assister au spectacle d'une haute intelligence appuyant, dans le calme de la réflexion,
d'excellentes vues sur les plus pitoyables motifs.
M. Tyndall avait dessein de faire connaître ses
convictions à l'égard du principe simple que les
anciens introduisaient dans l'organisme végétal.
La physiologie lui fournissait les meilleurs arguments en faveur de la non-existence de ce principe. Au lieu d'apporter ces motifs, tirés de l'expérience directe, comme je compte le faire tout
à l'heure, il en appelle au procédé de la peinture
mentale, et à l'impossibilité où nous sommes de
répondre à certaines demandes sur le lieu, l'origine, la forme, la manière d'être des âmes en
général. L'étrange conclusion de la non-existence
de l'âme humaine, comme principe distinct de la
matière, à laquelle cette manière de raisonner le
conduit logiquement, aurait dû, ce me semble,
lui faire soupçonner la faiblesse de son argumentation.

Je renvoie le lecteur à ce que j'ai dit précédemment touchant le procédé de la *vorstellung*. Il
m'est impossible de reconnaître à ce procédé les
propriétés que M. Tyndall lui attribue. Un grand
nombre de concepts dont la réalité objective n'est
pas douteuse ne peuvent être présentés à l'esprit

par la *vorstellungs-kraft* ; de sorte que l'impossibilité que nous éprouvons de concevoir une âme
sous une forme géométrique, à la façon d'un cristal, ne dépose aucunement contre son existence.
Aux autres questions proposées par M. Tyndall,
je répondrai avec M. Babinet, le savant français
dont le tour d'esprit se rapproche le plus de celui
de l'illustre professeur de l'Institution royale : il
faut savoir ignorer. Ce qui est vrai dans toutes
les sciences, est surtout vrai dans les sciences
physiologiques. En mettant de côté pour le moment l'âme humaine, ne pourrait-on pas dire à
M. Tyndall, sans y mettre trop de malice, que
l'âme végétative des plantes, si elle existe, et
l'âme sensitive des animaux, ont leur sphère
d'action ; qu'elles y sont localisées et circons-
crites comme les agents atomiques sont localisés
et circonscrits dans leur sphère d'activité propre ;
qu'elles ont de la mobilité, une forme, des bras
et des jambes, au même titre, ni plus ni moins,
que les énergies atomiques ; qu'elles ont puisé à
la même source le génie architectural, objet des
préoccupations particulières du savant professeur. L'éducation artistique des forces atomiques serait-elle plus facile, par hasard, que celle
des forces vitales ? En accumulant ces difficultés
contre l'hypothèse de l'âme végétative des plantes
dans le dessein de conclure à la non-existence de

ce principe, et avec la volonté arrêtée d'étendre plus tard la conclusion à l'âme humaine, M. Tyndall néglige un des préliminaires les plus indispensables de sa recherche : il oublie de faire les mêmes difficultés au concept de l'activité atomique. Qu'il répare donc son oubli, et il ne tardera pas à se convaincre, par ce moyen, du peu de valeur des objections qui le préoccupent. Car l'obscurité et le mystère, que les questions soulevées laisseront planer sur les activités atomiques non moins que sur les principes de la vie, ne l'amèneront pas, je pense, à refuser l'existence aux agents élémentaires de la matière.

Dans les difficultés soulevées par M. Tyndall, il en est une qui se présente avec un caractère plus sérieux que les autres, quand on l'envisage par son côté réel, je veux dire, dans ses rapports avec l'animalité : c'est celle de l'origine et de la destinée du principe de la vie. Mais ici encore, je préfère une ignorance franchement avouée à un faux semblant de science. Si M. Tyndall veut néanmoins introduire l'hypothèse dans ce problème, bon gré mal gré, au lieu de bâtir sur le sophisme et la contradiction, comme il le fait, que ne dit-il, avec le savant secrétaire de la Société scientifique, au sujet de l'âme des animaux : « Je ne vois pas ce qui rendrait impos« sible une hypothèse telle que la métempsycose,

« ou même l'hypothèse d'un seul et même agent
« volontaire dans plusieurs corps différents, dans
« toute une fourmilière, dans tout un essaim,
« dans toute une espèce. » Hypothèse pour hypothèse, celle-ci du moins est inoffensive ; elle n'est
passible d'aucune peine au tribunal de la saine
logique.

Mais j'en ai fait l'aveu, je partage toutes les
répugnances de M. Tyndall à l'endroit du principe vital des plantes ; l'opinion des vitalistes n'a
jamais excité mes sympathies. Depuis que les
recherches physiologiques ont jeté de plus vives
lumières sur ce point, jusque-là si obscur, des
phénomènes naturels, je crois qu'il est possible
d'expliquer toutes les propriétés de la vie végétative des plantes, sans recourir à d'autres agents
que les agents atomiques, agissant dans les conditions de présence auxquelles nous avons donné
le nom d'organisation. Il y a plus. Tout nous
porte à croire que dans l'organisme des animaux
supérieurs et dans l'organisme humain en parti-
culier, les phénomènes végétatifs relèvent directement et exclusivement des forces atomiques.
Suivant cette opinion, l'âme préside à toutes
les opérations de la vie sensitive ; elle est dans
l'homme le principe de la vie intellectuelle ; c'est
elle aussi qui détermine les mouvements volontaires des organes. Mais là s'arrête son action :

tous les phénomènes de la digestion, de l'absorp-
tion, de l'assimilation, de la circulation, de la
réparation des tissus, de la reproduction et la
plupart des mouvéments réflexes, sont le résultat
de l'activité propre des agents atomiques et de la
disposition spéciale donnée par le Créateur, à
l'origine des choses, aux éléments de la matière
organisée. Je vais faire connaître brièvement les
faits physiologiques sur lesquels on peut appuyer ces vues nouvelles. Ce rapide exposé rem-
placera avantageusement, ce me semble, le raisonnement défectueux de M. Tyndall.

La vie végétative soit animale, soit végétale,
est une suite passablement compliquée de phénomènes chimiques, de phénomènes plastiques et
de phénomènes mécaniques. Tous les phénomènes chimiques de composition et de décomposition qui se produisent dans la matière organisée, sont régis par les mêmes lois, et donnent
naissance aux mêmes transformations d'énergie
que ceux qui se développent au sein de la matière inorganique. Quand le carbone des tissus
de la plante ou de l'animal se combine avec
l'oxygène charrié par la sève ou le sang, il ne se
dégage ni plus ni moins de chaleur que dans nos
flammes ou à l'intérieur de nos foyers, par l'effet
des mêmes combinaisons. Quand l'acide carbo-
nique est décomposé dans la chlorophylle des

plantes par les rayons solaires, le calorique employé à cette décomposition équivaut rigoureuse-
ment à l'énergie dépensée dans nos laboratoires,
sous n'importe quelle forme, dans l'accomplissement du même phénomène. Il est vrai que le
développement de ces transformations chimiques
dans l'intimité de l'organisme végétal ou animal,
exige quelquefois un ébranlement initial, analogue à l'effort musculaire du doigt du chasseur
pressant la détente du fusil. Dans ce dernier cas,
chacun le sait, l'effort détermine le choc; le choc
produit une manifestation de chaleur; la chaleur
engendre la combustion, et la combustion, ou
combinaison chimique, donne naissance à l'épa-
nouissement des gaz. Eh bien, quand cet ébranlement initial est requis, et il l'est dans toutes
les combustions qui accompagnent les mouvements automatiques dits mouvements réflexes,
l'expérience a constaté que c'est à l'activité des
agents atomiques étrangers à l'organisme qu'on
doit l'attribuer. « Dans les phénomènes chimi-
« ques des végétaux, écrit le P. Carbonnelle, il ne
« se manifeste aucune énergie qui n'ait son ori-
« gine dans les actions atomiques.... Les actions
« élémentaires qui composent les phénomènes de
« la chimie des animaux sont les actions élémen-
« taires du règne minéral; aucun autre agent
« que les atomes n'y interviennent directement. »

On peut donc dire d'une manière générale que les activités de la chimie organique et celles de la chimie inorganique sont identiques. Si la chimie organique a un avantage réel sur l'inorganique, cet avantage réside uniquement dans la perfection des appareils. Le laboratoire de la nature laisse bien loin derrière lui tous ceux que la science moderne a édifiés.

On invoque souvent les phénomènes plastiques de la reconstruction organique des tissus et de la génération, pour conclure à la présence d'un principe directeur non atomique, au sein de l'organisme soit végétal, soit animal. Or, il n'y a rien dans ces phénomènes qui exige l'intervention directe et immédiate d'un tel agent. Car, il ne faut pas se faire illusion, dans les corps vivants où tout, suivant l'expression de Kant, est réciproquement cause et effet, but et moyen, l'unité harmonieuse et la corrélation des parties ne dénotent rien autre chose que l'intelligence et l'habileté du constructeur. Ne voyons nous pas ces dispositions d'unité et de corrélation se manifester dans le système planétaire, à la surface du globe, dans nos montres, nos locomotives et dans toutes nos machines?

Enfin, les grands mouvements d'ensemble de la matière organisée, je veux dire les déplacements des organes, les contractions des muscles, etc., lorsqu'ils ont lieu en dehors de l'influence de la volonté, de quelle causalité dépendent-ils exclusivement? De la causalité des agents atomiques. Les mouvements rotatoires du protoplasme et la circulation de la sève dans les végétaux, ne sont que des transformations des mouvements intestins calorifiques auxquels les combustions organiques ont donné naissance, comme M. Ed. Morren l'a montré. L'héliotropisme, le sommeil des plantes, le mouvement des feuilles de la sensitive, celui des valves de la Dionée saisissant sa proie, sont produits par l'action des mêmes causes. Les battements du cœur dépendent de l'action des cellules nerveuses répandues dans le tissu musculaire de cet organe; l'ébranlement nerveux des cellules dépend à son tour des combustions internes dont celles-ci sont le siége et que la circulation entretient. Un cœur isolé de l'organisme général et dans lequel la circulation est maintenue artificiellement, continue à battre pendant des heures et des jours entiers.

De tous les grands mouvements organiques, où les masses déplacées sont toujours plus ou moins considérables, les mouvements musculaires ont été le mieux étudiés. Comment se produisent ces mouvements, quand ils sont réflexes, c'est-à-dire, automatiques? Suivant d'autres lois et sous l'influence d'autres énergies que le déplacement du

piston d'une machine à vapeur, par exemple?
Non. La combinaison du carbone et de l'oxygène
dans l'intimité du tissu musculaire donne naissance à un dégagement d'énergie calorifique,
analogue à celle qui est apportée par la vapeur
dans le cylindre de nos locomotives; la contraction du muscle dans l'organisme et le déplacement du piston dans la machine à vapeur sont
l'un et l'autre des effets mécaniques dus à la
transformation d'une quantité déterminée d'é-
nergie calorifique. Ajoutez à cela que les contractions musculaires ordinaires et un grand nombre
de mouvements réflexes plus compliqués se produisent encore dans l'organisme après la mort de
l'animal.

Toutes ces raisons ont été développées avec
beaucoup de soin par le P. Carbonnelle [1]; elles
montrent qu'on peut expliquer tous les phénomènes de la vie des plantes et ceux de l'organisme animal, sans recourir à d'autres agents que
les agents atomiques. Cela n'empêche pas que le
principe de la vie sensitive ne soit dans l'homme,
comme dans l'animal, une activité non atomique,
et que ce principe ne s'identifie dans l'homme avec
celui qui préside aux opérations intellectuelles
et aux mouvements volontaires. L'opinion que je

1. *Etudes religieuses*, IVe série, t. VI.

défends peut paraître avancée ou étrange à plusieurs lecteurs ; elle n'en est pas moins une conséquence à peu près nécessaire des données physiologiques, et de tout point conforme à la plus stricte orthodoxie. Il est vrai que tout un monde de phénomènes organiques restent à explorer. Dans un muscle, par exemple, entre la surexcitation du calorique et la contraction des fibres, que d'activités atomiques ignorées ! Que d'intermédiaires à découvrir entre l'impression produite par les agents extérieurs dans un des sens, la vibration du nerf sensitif, l'ébranlement des centres nerveux et le mouvement réflexe corrélatif ! Que de vides à combler dans la physiologie végétale entre le phénomène de la séparation du carbone et de l'oxygène par la force vive des rayons solaires, et l'accroissement ou la formation du tissu ligneux ! Mais tout cet inconnu ne peut affaiblir la solidité de notre raisonnement. Malgré ses lacunes, la série des phénomènes organiques présente le caractère propre des phénoménalités atomiques : dans le passage d'un antécédent à son conséquent, la loi de l'équivalence dynamique est observée. Cela suffit : de la conservation de l'énergie, on peut conclure au jeu exclusif des activités atomiques.

Que M. Tyndall prenne garde ici de ne pas étendre les conclusions au delà des prémisses. On

peut fort bien regarder l'organisme végétal et
l'organisme animal comme des machines à feu,
et faire des phénomènes de la vie végétative de
simples produits naturels résultant du fonction-
nement de ces machines, sans aboutir pour cela
ni à la fatalité, ni à l'athéisme. L'habile physicien pense le contraire. « En tout ce que la
« science, dit il, a pu jusqu'ici découvrir de pro-
« cédés de la nature, jamais elle n'a vu se mani-
« fester dans aucune série de phénomènes l'inter-
« vention d'une puissance purement créatrice.
« L'hypothèse d'une telle puissance a souvent été
« faite pour expliquer des phénomènes spéciaux,
« mais elle a toujours été trouvée inexacte. Elle
« est contraire à l'esprit même de la science, et
« c'est pour cela que j'ai pris sur moi d'opposer
« à cette hypothèse, la méthode même de la na-
« ture, » l'évolution matérialiste. En prenant sur
lui de s'élever contre ce qu'il appelle l'hypothèse
d'une puissance créatrice, M. Tyndall assume
une très lourde charge. La notion d'un ordonnateur suprême jaillit de toutes parts des phénomènes visibles. J'ai fait voir précédemment
qu'elle ressort inévitablement de la considération de l'ordre général du monde physique,
renfermé à l'origine dans la matière nébulaire
comme dans son germe, et que, sans cette notion,
il est impossible d'expliquer la présence de l'a-

gent volontaire de l'homme au milieu de l'univers atomique. Cette notion ne resplendit pas avec moins d'éclat, aux yeux de la raison, dans l'arrangement merveilleux des éléments de la matière que nous appelons l'organisation. Mais avant tout, il nous faut entendre discourir sur ce sujet l'illustre professeur de l'Institution royale.

Voyez-vous cet arbre, disait M. Tyndall à M. Martineau, en montrant un magnifique chêne planté par sir John Moore, le héros de la Corogne ; pensez à la terre qui le nourrit, à la lumière et à la chaleur du soleil qui le pénètrent : « A-t-on jamais imaginé un prodige semblable à « la production de ce tronc massif, de ces bran- « ches, de ces feuilles, par l'action mutuelle de « ces trois facteurs ? De plus, c'est dans cette « action mutuelle que consiste ce que nous nom- « mons la vie. » Puis prenant un air mystérieux, l'orateur ajoute : Vous connaissez « l'expérience « due à Wheatstone, dans laquelle la musique « d'un piano transmise de sa table d'harmonie « par une mince tige de bois à travers une suite « de chambres où l'on n'entend aucun son, éclate « enfin très-loin de l'instrument. Les cordes du « piano ne vibrent pas une à une, mais bien dix « à la fois. Chaque corde se subdivise de manière « à donner, non une note, mais une douzaine de « notes. Toutes ces vibrations et ces sousvibra-

« tions s'entassent dans une baguette de bois
« blanc qui n'a guère plus d'un centimètre de
« diamètre ; et cependant pas une note ne se
« perd. Chaque vibration subsiste, et toutes sont
« à la fin communiquées à l'air par une seconde
« table d'harmonie , contre laquelle l'extrémité
« de la tige vient s'appuyer. Notre esprit reste
« stupéfait lorsqu'il cherche à se représenter les
« mouvements de cette tige pendant que les sons
« la parcourent. » Après quelques instants de si·
lence donnés à la réflexion, M. Tyndall, tournant
les yeux vers le chêne de sir John Moore, conclut
en ces termes : « Je reviens maintenant à mon
« arbre et je considère ses racines, son tronc, ses
« branches et ses feuilles. De même que la tige
« de tout à l'heure transmettait la musique et la
« livrait enfin à l'air, bien loin de son point de
« départ, de même le tronc transmet la matière
« et le mouvement, les chocs, les pulsations et les
« autres actions vitales, qui se manifestent enfin
« par le feuillage de l'arbre. » J'ignore l'impression que ce petit discours a produite sur M. Martineau ; ce que je sais, c'est qu'il m'a donné l'occasion de faire les réflexions suivantes. L'expérience de Wheatstone, me suis-je dit, est des plus
intéressantes ; personne ne le peut contester.
C'est le phénomène de la propagation des ondes
sonores dans les milieux élastiques. Les sections

8

transversales de la tige de bois sont animées de
mouvements vibratoires réguliers et périodiques,
superposition de plusieurs mouvements pendulaires distincts ; ces mouvements se propagent le
long de la tige, passent dans l'air, dans les li-
quides de l'oreille, et arrivent aux fibres de
Corti ; là se fait le triage physique de ces mouvements pendulaires superposés. Mais encore faut-
il qu'un musicien se tienne au piano pour qu'il
y ait impression musicale dans l'ouïe ; la petite
tige de bois peut propager aussi bien des disso-
nances que des accords, aussi bien des bruits que
des sons mélodieux. Je consens à regarder le
feuillage touffu du chêne de sir John Moore
comme une musique délicieuse ; je dirai, si l'on
veut, que les pulsations musicales sont transmises
du tronc à la tige élancée et qu'elles se répandent
de là dans les branches ; mais les pulsations elles-
mêmes, d'où viennent-elles ? Quel est le musicien
qui les produit ? Je n'ai pas l'intention d'être
difficile ; si M. Tyndall préfère comparer l'organisme du chêne de sir John Moore à une boîte à
musique plutôt qu'à un piano, qu'il me dise alors
comment le ressort de l'instrument a été bandé ;
qui a construit le tambour et disposé les cames.
M. Tyndall a beau faire ; il peut recourir à tous
les artifices de son éloquence, déployer toutes
les forces de son esprit, invoquer tous les prin-

cipes des sciences naturelles qu'il connaît si bien,
jamais il ne rendra raison du moindre phénomène organique, s'il ne consent à introduire dans
la matière organisée l'*idée créatrice ;* s'il ne se
décide à placer à la base de l'organisme, l'acte
créateur. Il ne peut, en effet, pousser l'illusion
jusqu'à se persuader qu'une question reculée est
une question résolue. Si le savant professeur me
répond, par exemple, que les activités atomiques
de la matière nébulaire possédaient déjà, à l'origine, la propriété de se grouper suivant le mode
organique, dans des circonstances favorables, je
lui demanderai alors de m'assigner, dans cette
hypothèse toute gratuite, la raison suffisante de
cette nouvelle propriété des éléments constitutifs
des corps. M. Tyndall le voit : la méthode positive,
l'*appel aux hypothèses,* qui conduisit Newton à
la découverte de la gravitation, qui enfanta la
théorie des ondulations et la théorie mécanique
de la chaleur, et qui nous donnera plus tard, il
faut l'espérer, la théorie de l'électricité et du magnétisme, nous amène, par divers chemins, à la
connaissance de la première des vérités scientifiques, je veux dire l'existence d'un Dieu créateur,
cause originelle et raison dernière de toutes
choses.

L'illustre professeur de l'Institution royale
n'est pas heureux dans sa défense contre le re-

prôche d'athéisme et de matérialisme, lorsqu'il
cherche à se retrancher derrière cette méthode
positive de l'*appel aux hypothèses*. « La pre-
«mière chose que l'on me reproche, dit-il, est
« d'avoir été au delà des faits prouvés par l'expé-
« rience. » Mais, « c'est ainsi que procède l'esprit
« scientifique... Nos théories de la lumière, de la
« chaleur, du magnétisme et de l'électricité n'exis-
« tent que parce que nous avons franchi les li-
« mites expérimentales ; mon mémoire sur le
« rôle de l'imagination dans les sciences, et mes
« conférences sur la lumière le prouvent complé-
« tement... Aussi l'action de franchir les limites
« de l'expérience n'est pas en soi un motif suffi-
« sant de blâme. » Puis il ajoute : « Il faut que
« dans ma manière particulière de les franchir il
« y ait eu quelque chose de défectueux, qui ait
« provoqué ce terrible chœur de désapprobation. »
M. Tyndall est d'une ingénuité charmante ; il
découvre ici lui-même le vice de son procédé de
recherche dans les grandes questions de l'existence de Dieu et de la nature de la vie. En effet,
ses adversaires ne lui reprochent pas de franchir
les limites de l'expérience ; ils lui reprochent
seulement de les franchir mal, d'être infidèle aux
règles de la méthode positive, d'induire en philosophie autrement qu'en physique, de faire des
hypothèses sans se préoccuper de les accorder

avec les faits, de supprimer les questions en affectant de les résoudre. L'expérience psychologique proclame, par l'organe du sens intime, que nous avons non seulement la connaissance des actes qui se produisent en nous, mais encore celle de notre propre activité ; que cette activité personnelle est une et non multiple, simple et non composée, libre et non nécessitée ; qu'au milieu d'actions changeantes et passagères elle demeure identique à elle-même ; que le moi de la jeunesse est le moi de l'âge mûr, le moi de la vieillesse. Et voilà que l'illustre professeur, franchissant les limites de l'expérience, vient nous demander au nom de la méthode positive, de ne tenir aucun compte de ces connaissances, les plus certaines peut-être, et à coup sûr les plus évidentes de toutes celles que nous possédons ; il voudrait nous forcer à admettre que notre moi n'est ni un, ni simple, ni libre, ni permanent. L'expérience psychologique nous enseigne que le principe de la raison suffisante est une vérité enracinée au plus intime de notre être : l'arracher de notre intelligence dépasse les forces humaines ; elle nous dit que notre raison applique ce principe irrésistiblement, inévitablement à toutes les modalités non nécessaires, à tout ce qui étant d'une façon, est néanmoins conçu par notre esprit comme pouvant être d'une autre. Et voilà que

8.

M. Tyndall, dont toute la vie s'est passée dans la recherche des causes et des raisons suffisantes des phénomènes physiques, vient nous proposer de doter, fort gratuitement d'ailleurs, l'activité atomique, non seulement de la force attractive, mais encore de la force organisatrice, de la force perceptive, de la force volitive, de la force abs- tractive, etc., etc.; et il veut que nous renoncions, en même temps, à faire l'application du principe de la raison suffisante à cette première apparition de la modalité non nécessaire : il craint d'aboutir par cette voie à la manifestation de l'influence créatrice. Que l'illustre professeur de l'Institution royale me permette de le lui dire, avec tout le respect que son caractère et ses talents m'ins- pirent, mais aussi avec toute la liberté que la vérité réclame : franchir de la sorte les limites de l'expérience, c'est franchir du même pas celles de la raison.

Le savant physicien reproche aux théologiens d'avoir usurpé, sur le terrain de la cosmogonie et de l'anthropologie, une position « qu'ils n'ont « aucun droit d'occuper; » les en chasser est, à son avis, « une tentative tout à fait légale et « juste; » la science doit avoir une liberté com- plète d'investigation dans le monde organique aussi bien que dans le monde inorganique. M. Tyndall a tort d'en vouloir ainsi aux théolo-

giens; personne parmi eux ne songe à restrein-
dre la liberté de la science. Le terrain de la
cosmogonie et de l'anthropologie était inoccupé
lorsque les anciens scolastiques y bâtirent leur
édifice philosophique. Plus tard, quand la science
vint et essaya de ruiner leurs constructions, les
scolastiques défendirent ce qu'ils avaient élevé,
comme le propriétaire défend sa maison. Qui le
leur reprochera ? Au reste, il ne faut rien exagé-
rer. Les parties les plus importantes de l'édifice
scolastique sont encore debout; elles ont résisté
aux efforts de la recherche expérimentale. Celles
qui se sont écroulées manquaient de fondement ;
le lien logique qui en cimentait les murs, et qui
était cependant tout autrement résistant que celui
du système philosophique de M. Tyndall, n'a pu
les sauver de la ruine. Disons-le à leur honneur :
les scolastiques avaient véritablement le secret
du lien logique. Si l'illustre professeur de l'Institution royale est résolu à franchir souvent les
limites de l'expérience, comme il l'a fait jusqu'ici
dans les questions philosophiques et religieuses,
je souhaite que les philosophes et les théologiens
n'abandonnent jamais le terrain de la cosmogonie
et de l'anthropologie, ne fût-ce que pour conserver aux savants des âges futurs la tradition et le
sens d'une logique forte et serrée.

XIV

DE LA COEXISTENCE DES BIENS ET DES MAUX, ET DE LA PRIÈRE DANS L'ORDRE PHYSIQUE.

J'ai traité à plusieurs reprises et sous différents points de vue l'importante vérité de l'existence d'un Dieu créateur, niée ou mise en doute par M. Tyndall, avec la légèreté que l'on a vue ; je n'ai plus l'intention d'y revenir. Il ne m'est pas possible néanmoins de passer à un autre sujet avant de m'être expliqué brièvement sur plusieurs points de doctrine qui se rattachent assez étroitement à l'existence de la cause première. M. Tyndall est convaincu, par exemple, que « l'hypothèse d'un esprit éternel... et bienfai- « sant » ne rend le monde ni « moins méprisa- « ble » ni « moins laid qu'il ne l'est ; » qu'elle n'enlève à la nature ni ses « dents » ni ses « griffes souillées de sang; » qu'elle ne fait disparaître aucun des « phénomènes physiques, « tempêtes, inondations, incendies ; qu'elle n'en-« lève aucune souffrance aux combats sanglants « que se livrent les êtres animés. » L'illustre professeur avoue que cette hypothèse de l'esprit créateur « remplit l'âme humaine d'une émotion « religieuse ; » mais il défie M. Martineau d'aller au delà. Quant à la religion, M. Tyndall déclare que les besoins de l'émotion sont la seule base philosophique que l'on puisse lui donner.

Dans ses excursions sur le terrain de la philosophie, M. Tyndall est souvent illogique; ici, il ajoute la maladresse au défaut du raisonnement. Les vues de l'illustre professeur de l'Institution royale jettent en effet trop peu de lumière sur la grande question de nos destinées, pour qu'il soit permis à leur auteur d'évoquer sans imprudence le problème redoutable de la coexistence des biens et des maux dans le monde; car je suppose que c'est de cette coexistence que M. Tyndall entend parler dans les phrases énigmatiques rapportées plus haut. Ce problème, qui préoccupa les penseurs de tous les temps et fut le tourment de la jeunesse du grand évêque d'Hippone, n'a reçu de solution complète que par le christianisme. Puisque M. Tyndall donne à ses adver-

saires l'exemple du défi, je le défie à mon tour de
trouver, en dehors des dogmes chrétiens, une
explication tant soit peu plausible de cette sur-
prenante coexistence des contraires au sein de
l'humanité. D'après la doctrine révélée, M. Tyndall ne l'ignore pas, notre vie terrestre n'est que
la première et, sous quelques rapports, la moindre partie de notre existence. Une vie tout autrement active et bienheureuse, un tout autre exercice de nos facultés de connaître, une possession
du vrai plus étendue et plus parfaite, doit com-
mencer pour chacun de nous après la mort. Sur
la terre nous ne saisissons les choses que par le
dehors ; le dedans nous échappe. Après bien des
efforts, aidés de tous les secours de la science,
nous parvenons à démêler le *comment* des phénomènes, c'est-à-dire, les conditions d'existence
des modifications matérielles ; mais l'essence ou
le *pourquoi* des faits nous reste caché. Après la
mort tous les voiles seront écartés ; l'être infini,
dont les beautés incomparables vues à travers le
milieu absorbant et presque opaque des créatures
éblouissent néanmoins nos regards, se montrera
à nous dans toute la magnificence de son être et
avec tout l'éclat de sa gloire : nous le verrons
face à face, tel qu'il est, sans interposition d'i-
mage. En lui et par lui, pénétrant avec le regard
de l'intelligence jusqu'au plus intime des êtres,

nous verrons et connaîtrons toutes choses. Alors
tous les doutes seront levés, toutes les difficultés
résolues, tous les mystères éclaircis : l'univers
entier nous apparaîtra dans l'unité, la variété et
l'étendue de sa réalité objective. Toutes nos
facultés seront satisfaites; et comme le bonheur
n'est que le rassasiement des facultés, nous pos-
séderons, avec la perfection de la connaissance
et le repos de la volonté qui en est la suite, la
plénitude de la félicité.

Mais cet état bienheureux, il nous importe de
ne pas l'oublier, n'est pas une suite nécessaire
du fait de notre existence terrestre ; il a été attaché par Dieu au bon usage de la liberté. Dans le
système de M. Tyndall, je ne sais pas s'il est
permis de dire que l'homme possède des droits :
à quels droits, en effet, un être qui agit nécessairement pourrait-il prétendre? Quoi qu'il en
soit de cette question, il est indubitable que nous
avons non-seulement des droits, mais encore, et
avant tout, des devoirs : des devoirs envers Dieu,
envers le prochain et envers nous-mêmes. Tous
ces devoirs sont l'expression de la volonté de
Dieu. De notre fidélité dans l'accomplissement
de ces devoirs dépend notre bonheur futur. Pour
satisfaire, en se communiquant, au désir immense que l'homme a de connaître, Dieu exige
préalablement que l'homme se soumette à sa

volonté souveraine : c'est justice. M. Tyndall
entrevoit-il maintenant mes conclusions ? L'ad-
versité est bonne conseillère ; en nous privant de
ce qui pourrait nous entraîner plus facilement
hors de la ligne du devoir, elle fortifie le lien
moral qui enchaîne la volonté à la loi ; elle rapproche de Dieu. La prospérité, au contraire, est
enivrante ; elle nous attire sans cesse vers le fruit
défendu ; elle nous pousse à désirer ce que nous
ne pouvons aimer sans forfaire à nos devoirs. A
ce point de vue on peut dire que le déshérité du
monde est le privilégié du ciel ; que le pauvre du
temps est le riche de l'éternité. Telle est, dans la
divine philosophie du christianisme, la solution
de la grande énigme. Cette solution est aussi
celle de la philosophie. Je regrette d'avoir dû
l'amoindrir en l'ébauchant. Qu'enseigne sur cette
question le système athée et matérialiste préconisé par M. Tyndall? Rien ; toute son explication
est dérisoire. Car je ne puis croire que l'illustre
professeur prenne au sérieux les grands mots de
nécessité, de fatalité, d'effet des conditions extérieures, d'influence du milieu, que l'on rencontre
dans les catéchismes de la secte, comme si le
malheureux était assimilable à une plante ou à
un cristal dont des causes perturbatrices ont
arrêté le développement. L'idée de Dieu, avec les
vérités qu'elle entraîne, produit donc autre chose

en nous qu'une émotion religieuse ; c'est elle qui
nous donne, avec la connaissance de notre fin, la
raison d'une inégalité dont les contradictions
apparentes révoltent le plus nos tendances naturelles. Cette notion est, dans le monde des âmes,
ce qu'est le soleil dans le monde physique : elle
porte partout la lumière et la vie. Quant à la
religion qui relie l'homme à Dieu, loin d'être
basée uniquement sur les besoins de l'émotion,
comme M. Tyndall le soutient avec insistance,
elle repose avant tout sur les exigences de l'intelligence. L'indépendance d'esprit de Jouffroy est
connue de tous ; or, de l'aveu de ce philosophe,
la religion naturelle découle logiquement de deux
idées : de l'idée de l'homme et de sa destinée, et
de l'idée des rapports qui unissent Dieu à
l'homme. D'autre part, la religion positive véritable se rattache, comme on sait, à un fait historique dont la certitude est aussi entière et aussi
bien établie que celle des faits les plus avérés.
Quelle place y a-t-il pour l'émotion dans tout
cela? Que M. Tyndall veuille nous le dire.

Dans l'été de 1858, M. Tyndall rencontra « à
« l'auberge qui est au pied du glacier du Rhône,
« un jeune prêtre aux formes athlétiques; » celui-
ci, « après avoir expédié un solide déjeuner et une
« bouteille de vin, » informa l'illustre voyageur
« qu'il était venu dans le but de *bénir les mon-*

« *tagnes*. La chose, ajoute M. Tyndall, se faisait
« annuellement en ce lieu ; chaque année le Très-
« Haut était supplié de prendre des mesures mé-
« téorologiques propres à assurer aux troupeaux
« des Valaisans la nourriture et l'abri. » Le savant physicien, en racontant le fait, émet l'opinion que le jeune prêtre eût pu demander tout
aussi bien « un changement de direction du
« Rhône ou un approfondissement du lit du
« fleuve ; » cette modification géographique eût
été « un avantage incalculable pour les habi-
« tants de la vallée. » L'automne propice réclamé
par les bons Valaisans est, aux yeux de M. Tyndall, un fait ni plus ni moins miraculeux que la
dérivation du Rhône. Un monsieur protestant
qui était présent et qui avait souri aux paroles
du prêtre, était aussi de cet avis. Il se basait,
comme M. Tyndall, sur ce « qu'aucun acte d'hu-
« miliation individuel ou national ne peut, »
d'après les données de la science, « faire tomber
« une ondée du ciel ou faire arriver vers nous un
« seul rayon du soleil, sans une perturbation
« tout aussi grave des lois naturelles que s'il
« s'agissait d'arrêter une éclipse ou de faire re-
« monter au fleuve Saint-Laurent les chutes du
« Niagara [1]. » Cette petite histoire montre que

---

1. *Dans les montagnes*, par M. John Tyndall, chap. V.

le futur président du congrès de Belfast et le
monsieur protestant n'avaient pas, en 1858, une
notion fort exacte de la prière catholique. Passe
pour le monsieur protestant; mais pour M. Tyndall, qui nous assure avoir lu dans son adoles-
cence l'*Instruction catholique* de Challoner, et
à qui « les idées des catholiques irlandais étaient
« devenues très-familières, » cette ignorance est
moins pardonnable. Le savant physicien semble
ne pas savoir que dans les prières que nous
adressons à Dieu pour obtenir les biens utiles ou
nécessaires à la vie, nous demandons fort rare-
ment une dérogation au cours régulier des phénomènes naturels.

Comme cette assertion, pour être comprise, a
besoin de quelques explications, et que M. Tyndall est sans doute désireux de les entendre, je
vais les lui donner ; elles forment ce qu'on pourrait appeler la théorie de la prière dans l'ordre
purement naturel.

Tous les phénomènes matériels sont liés l'un à
l'autre, comme les anneaux d'une chaîne ou les
mailles d'un tissu; leur ensemble constitue à
chaque instant l'état physique de l'univers. Cet
état est variable, et ses variations sont soumises
à la loi de la continuité. Pour définir géométri-
quement à un instant donné l'état du système
atomique universel, il faudrait faire connaître

les coordonnées dans l'espace et les composantes de la vitesse de chaque atome. A part les modifications apportées dans le développement des phénomènes par l'activité des agents libres, on peut dire que chaque état du système de l'univers est déterminé par l'état précédent, et qu'il contient en germe l'état suivant. Il en résulte que l'état actuel du monde est, entre certaines limites, fort resserrées d'ailleurs, une conséquence nécessaire de l'état primitif. « Si au lieu « d'être de pauvres intelligences bornées, dont « tout le bagage mathématique se compose de « quelques formules souvent approximatives, et « pratiquement fort peu compréhensives, quoi « qu'il nous plaise d'en dire, nous pouvions, » écrit le P. Carbonnellé dans ses études sur la thermodynamique, « d'un nombre quelconque de « prémisses, marcher droit et ferme à toutes les « conclusions, il nous suffirait de connaître cet « état initial du système atomique universel pour « en déduire par le calcul tous les états subsé- « quents, y compris celui dont nous sommes les « contemporains et tous ceux qui doivent suivre « dans l'avenir... Nous pourrions même imaginer « d'autres états initiaux, et par un calcul sem- « blable découvrir les nouvelles séries d'événe- « ments que leur adoption eût nécessairement « entraînées. » En réalité, je viens de l'insinuer,

les choses se passent un peu différemment ; car
les agents libres introduisent leur activité propre
dans la série des phénomènes physiques, et y
donnent naissance à des déplacements atomiques
qui ne dérivent pas de l'etat nébulaire primitif.
Voilà pourquoi, quand bien même nous aurions
assez de force d'esprit et des procédés d'analyse
assez puissants, pour déduire de l'état initial, par
voie de calcul, tous les états subséquents qui y
sont renfermés, nous serions encore obligés de
regarder nos formules analytiques, plutôt comme
une expression approximative que comme une
détermination rigoureuse de l'évolution phénoménale véritable. Mais ce qui est au-dessus des
forces de l'homme, n'est pas au-dessus des forces
de Dieu. L'Être infini prévoit aussi facilement
les actes libres, que les actes nécessités. De toute
éternité, il avait la connaissance pleine et entière,
non-seulement de la série phénoménale actuelle,
mais encore de toutes les séries semblables. La
double influence que les divers états initiaux du
groupement atomique universel et les différentes
suites-d'actes libres pouvaient avoir sur le développement des phénomènes physiques, était présente à ses yeux. Dans cet océan sans bornes des
prévisions divines, la suite des actes humains,
telle qu'elle est réalisée dans l'ordre présent, et
spécialement celle des prières que l'homme, sous

l'impulsion de la loi naturelle, ou par les pres-criptions de la religion positive, n'a pas cessé d'adresser de tout temps au créateur pour l'acqui-sition des biens nécessaires à la vie, se trouvait associée à l'origine à un grand nombre de grou-pements atomiques différents. Or, il est naturel d'admettre que Dieu, qui procède toujours par les voies les plus simples, a choisi au moment de la création, parmi tous ces groupements originels, celui qui devait amener en temps opportun, par la nécessité même des lois naturelles, les phéno-ménalités physiques réclamées par la prière. Je parle ici, cela s'entend, des prières que Dieu a dessein d'exaucer. M. Tyndall comprend mainte-nant, qu'on peut très-bien demander au ciel les biens de la terre, par exemple des influences météorologiques favorables au développement des moissons, sans exiger pour cela que Dieu intervienne et déroge par sa toute-puissance au cours naturel des phénomènes, et sans que la prière cesse d'être une supplication utile. L'homme qui prie et qui est exaucé, obtient véritablement l'objet de sa demande par l'influence de la prière. Seulement, il est bon de le remarquer, c'est dans la prescience divine que la supplication produit son effet. Le savant écrivain sur lequel je m'ap-puyais tout-à-l'heure exprime les mêmes idées. Je citerai de nouveau ses paroles : « Telle prière,

« dit-il, adressée librement à Dieu au 19ᵉ siècle
« pour obtenir sa bénédiction sur les moissons ou
« la cessation d'un fléau, peut très-bien, dans la
« prescience divine, être la raison qui a fait dis-
« poser l'état initial du monde de manière à ame-
« ner à son heure le phénomène qu'elle sollicite.
« Elle produirait ainsi son effet sans rien changer
« aux lois de la nature. Sans cette libre prière,
« un autre état initial aurait, de par les mêmes
« lois, amené des résultats tout autres. » Puis il
ajoute : « On raisonne fort mal contre la prière,
« quand on nous dit que les phénomènes maté-
« riels sont à chaque instant nécessités par les
« états antérieurs du monde, et que demander à
« Dieu de les régler d'après nos désirs, c'est
« faire une œuvre inutile ou présomptueuse :
« inutile, parce que l'événement, s'il doit arriver,
« arrivera sans que nous le demandions ; pré-
« somptueuse, parce que, s'il n'est pas déjà né-
« cessité par les états antérieurs, nous deman-
« dons en réalité une suspension du cours natu-
« rel des choses, un miracle. Dans l'ignorance où
« nous sommes de ce que l'état présent du monde
« doit entraîner de conséquences dans l'avenir,
« de pareilles prières ne sont ni inutiles ni pré-
« somptueuses. Elles ne sont pas inutiles, puis-
« qu'elles peuvent être la cause qui, dans la pres-
« cience divine, détermine l'événement ; elles ne

« sont pas présomptueuses, puisqu'elles ne de-
« mandent aucune dérogation au cours de la
« nature [1]. »

En parlant, comme je viens de le faire, de la
prière dans ses rapports avec les biens de l'ordre
naturel, j'ai laissé de côté la question du miracle,
afin de ne pas effrayer M. Tyndall qui est persuadé que le temps des miracles est passé. Cependant, si je voulais épuiser la matière, il me resterait encore à traiter brièvement de la supplication chrétienne dans ses rapports avec les biens
de l'ordre surnaturel, c'est-à-dire, avec les biens
de la grâce ; dans ses relations avec la vie future
et avec les moyens extraordinaires que Dieu nous
a donnés, dans l'Église catholique, pour y parve-
nir. Mais comment parler de la vie surnaturelle
à l'illustre professeur de l'Institution royale, qui
regarde la mort comme une simple transformation physico-chimique régie par le principe
de la conservation de l'énergie, et dont le dernier désir est de disparaître à la fin de sa bril-
lante carrière, « comme les bandes de nuages du
matin qui se fondent dans l'azur infini du
passé. » La chose me paraît impossible. Cette
ignorance absolue de ce qu'il y a de plus sérieux
et de plus essentiel dans la vie humaine, jointe

---

1. *Etudes religieuses*, ibid., p. 58.

aux connaissances scientifiques les plus étendues
et les plus variées, cet aveuglement au sein de
la lumière, ce Daltonisme à l'endroit des vérités
philosophiques et religieuses, est une des plaies
de la société savante à notre époque. M. Tyndall
dit quelque part que dans le clergé catholique
« les intelligences vraiment fortes sont atrophiées
« pour ce qui concerne la vérité scientifique ;...
« qu'un cerveau ultramontain, faute d'exercice,
« est virtuellement aussi peu développé qu'un
« cerveau d'enfant. » Si l'illustre physicien veut se
donner la peine de regarder autour de lui, il ne
manquera pas de rencontrer parmi les savants,
des atrophies plus certaines et des arrêts de développement plus pernicieux que ceux qu'il attribue
fort gratuitement aux membres du clergé catholique. Serait-ce par hasard, aux yeux de M. Tyndall, un signe d'atrophie intellectuelle, que la
considération dont ses travaux et ses écrits jouis-
sent parmi nous? Ou faut-il regarder comme la
détermination d'un cerveau d'enfant, cette pratique de la charité évangélique qui nous fait rendre à l'éminent professeur de l'Institution royale,
la sympathie pour ses injures et l'estime pour ses
mépris?

XV

LES RELATIONS DE L'AME AVEC LE CERVEAU. — SPIRITUA-
LITÉ DU PRINCIPE PENSANT. — OPINION DE QUELQUES
PÈRES DE L'ÉGLISE SUR CE SUJET.

J'ai traité précédemment de l'âme végétative
des plantes, et en répondant à quelques difficultés
opposées par M. Tyndall à la philosophie vita-
liste en général, j'ai formellement réservé la
question de l'âme humaine. Il me semble que le
moment est venu d'aborder de front cette question, et de relever les conséquences et les erreurs
dans lesquelles l'illustre professeur est tombé à
son sujet. M. Ball disait dernièrement, en inau-
gurant ses leçons de pathologie mentale à la faculté de médecine de Paris : « S'il est un prin-
« cipe universellement admis de nos jours, c'est

« que le travail intellectuel coïncide avec des
« phénomènes d'ordre purement physique . Il
« ne s'agit point ici d'une simple hypothèse, mais
« de la conſtatation directe d'un fait. Cette cor-
« rélation intime qui, à vrai dire, n'a jamais
« été sérieusement contestée, ne préjuge rien sur
« la nature intime du principe immatériel. En
« effet, si nous admettons, avec Platon, que
« l'homme est une intelligence servie par des or-
« ganes, ou, pour traduire plus exactement son
« langage, un esprit qui se sert d'un corps, nous
« serons forcément amenés à reconnaître que les
« opérations de l'esprit doivent s'accompagner de
« modifications correspondantes dans l'état des
« organes qui lui obéissent. » Il n'est pas nécessaire d'adopter dans toute leur étendue les vues
de Platon sur la nature de l'homme, pour être
forcé de conclure à une solidarité obligée entre
les opérations de l'esprit et les modifications organiques du cerveau : la théorie de l'unité de
nature et d'opération dans le composé humain
conduit à la même conclusion ; elle nous oblige
à admettre avec M. Ball, « une physique et une
« chimie de la pensée. » Tous les philosophes
catholiques ne peuvent donc que s'associer aux
regrets exprimés par le savant professeur de la
faculté de médecine de Paris au sujet de l'ignorance presque complète où nous sommes encore

des phénoménalités physiques et chimiques qui accompagnent l'acte de la pensée; comme lui, ils espèrent que la science physiologique parviendra à « formuler avec une certaine précision « les conditions nécessaires à l'accomplissement « du travail intellectuel. » Les lumières que la physiologie a déjà répandues sur les relations de l'âme avec le corps, fônt désirer vivement celles que l'avenir tient encore en réserve. Tout imparfaite que soit notre connaissance physiologique des modifications éprouvées par la matière cérébrale dans l'acte de la pensée, je crois devoir en faire un exposé succinct, avant de rectifier les allégations inexactes de M. Tyndall à l'endroit de l'âme humaine.

Les cellules nerveuses de la substance grise corticale du cerveau sont dispersées au sein de la névroglie dans les mailles du tissu des capillaires; elles y sont réunies en groupes et occupent le centre « d'aréoles sanguines d'une extrême richesse [1]. » Plongées dans « cette atmosphère « humide surchargée de phosphates dont les matériaux sont incessamment renouvelés, » les cellules nerveuses « s'alimentent et réparent « continuellement les pertes survenues dans leur

---

1. J'emprunte les éléments de cet exposé à l'ouvrage du docteur **Luys**, intitulé : *Le cerveau et ses fonctions.*

« constitution intégrale... aux dépens des sucs
« exhalés des parois des capillaires. » Elles pui-
sent dans le milieu qui les baigne « les éléments
« de leur recofistitution, comme les êtres vivants,
« plongés dans l'atmosphère terrestre, emprun-
« tent à l'air ambiant le *pabulum vitæ* qui les
« fait vivre et les soutient. C'est ainsi qu'elles
« font face avec succès aux dépenses de l'élément
« phosphoré... et qu'elles peuvent maintenir en
« elles-mêmes, l'équilibre de leurs recettes et de
« leurs dépenses. » C'est Byasson qui a démontré
le premier d'une manière certaine que le fonction-
nement de la matière cérébrale dans l'acte intellectuel détermine une dépense de matériaux phos-
phorés. Ce savant se soumit « pendant plusieurs
« jours à un régime spécial au physique et au mo-
« ral ; » il dosa « exactement la quantité de phos-
« phates et de sulfates qui entraient dans son ali-
« mentation, ainsi que celle des phosphates et
« sulfates excrétés. Au bout d'un certain temps,
« ces données fondamentales étant acquises, » il se
mit « à faire travailler son cerveau, et, au fur et à
« mesure que le travail s'opérait, les substances
« ingérées restant toujours identiques, la quantité
« de phosphates et de sulfates excrétés par les
« urines avait augmenté d'une façon notable. »

Les expériences faites sur des animaux déca-
pités font voir de leur côté que le travail de la

cérébration est lié intimement à la circulation du
sang dans l'encéphale. Dès que la circulation est
interrompue, le travail cérébral est suspendu;
pour le rétablir il suffit de rendre aux cellules
nerveuses, par une circulation artificielle de sang
défibriné et oxygéné, « la stimulation habi-
tuelle. » M. Brown-Séquard ayant ainsi rendu la
vie « à la tête d'un chien familier,.... appela le
« chien par son nom ; » alors « les yeux de cette
« tête séparée du tronc se tournèrent vers lui,
« comme si la voix du maître avait été entendue et
« reconnue. » Les défaillances, les pertes de connaissance, les vertiges, les syncopes et la plupart
des accidents apoplectiformes n'ont guère d'autre
origine que l'insuffisance de la circulation san-
guine dans le cerveau. On a étudié les modifications physiques qui s'opèrent dans l'encéphale à
l'arrivée des impressions sensorielles. Par le
moyen d'appareils thermoscopiques très-sensi-
bles, M. Schiff a pu « interroger directement la
« substance cérébrale au moment où elle entrait
« en conflit avec les incitations extérieures, et dé-
« terminer ainsi quels étaient les degrés d'éléva-
« tion de température que le cerveau était sus-
« ceptible de dégager dans ces opérations. » Ce
savant ingénieux a constaté par ce procédé que le
cerveau s'échauffe localement lorsque les excitations sensorielles arrivent dans la matière céré-

brale, et que la région échauffée est différente
suivant que l'excitation reçue a pour point de départ le sens de l'audition, du goût, de l'odorat ou
du toucher. Ces faits montrent qu'il y a dans le
cerveau « des circonscriptions isolées... réservées
à telle ou telle catégorie d'impressions sensorielles. « Ils concordent parfaitement avec les
phénomènes observés par Flourens : ce physio-
logiste reconnut que dans l'ablation méthodique
des diverses parties du cerveau, les animaux per-
dent, tantôt la faculté de percevoir les impressions
visuelles, tantôt la faculté de percevoir les impressions auditives. M. Schiff a remarqué en
outre que le développement de chaleur va en dé-
croissant « quand on fait subir à un animal plu-
« sieurs fois de suite... une impression sensitive
« toujours identique. » Il en conclut que « l'activité psychique, » dans le phénomène de la perception, « est liée à une production de chaleur
« dans les centres nerveux, » indépendante de
celle qui est développée par l'excitation sensible.
Joignons à toutes ces données, la détermination
expérimentale de la vitesse avec laquelle l'agent
nerveux sensitif parcourt les nerfs, depuis l'organe ébranlé à la périphérie de l'organisme jusqu'au champ encéphalique de la perception; celle
de la vitesse de l'agent nerveux moteur; le temps
employé à la production des états de conscience

qui suivent les excitations sensorielles de la matière cérébrale, et nous aurons par devers nous un
tableau assez complet des particularités physico-
chimiques présentées par le cerveau dans la production des actes intellectuels.

Une même conclusion se dégage de tous les
faits que je viens de rapporter ; en l'énonçant,
j'éprouve la satisfaction de me trouver encore une
fois en parfait accord avec M. Tyndall. Un travail
de désassimilation et d'oxydation, dont il est naturel de placer le siège dans les cellules nerveuses, se développe concurremment avec l'activité psychique ; une combustion de la matière
nerveuse est le corrélatif organique de l'acte intellectuel. Les sulfates et les phosphates en excès
de l'urine ne sont pas autre chose que les déchets
ou les résidus de cette combustion ; l'élévation de
température observée par M. Schiff dans la matière cérébrale en est le corollaire physique obligé.
Cette corrélation entre les actions moléculaires
du cerveau et les phénomènes psychiques, qu'une
étude expérimentale habilement conduite a mise
en évidence, donne naissance aux questions suivantes, quand on se transporte sur le terrain de
l'analyse philosophique. L'action du cerveau en-
traîne-t-elle le phénomène psychique qui lui correspond ? ou bien, le phénomène psychique est-il
l'origine et la cause déterminante de la modifica-

tion moléculaire qu'on observe dans la matière cérébrale? ou faut-il admettre plutôt entre les deux classes de phénomènes un simple parallélisme, une marche de front tout accidentelle sans relation de cause à effet ? Cette dernière partie du problème ne donne lieu à aucune recherche; puisque l'hypothèse qui y est exprimée ne repose sur aucun motif plausible, il faut l'exclure de la discussion. Pour donner une réponse convenable aux deux premières questions, il est nécessaire, ce me semble, de faire une distinction assez importante. M. Tyndall parle constamment de la corrélation des états de conscience et des actions moléculaires du cerveau : « La discussion dont il « s'agit, dit-il, porte sur cette question : les états « de conscience sont-ils parmi les anneaux de la « chaîne d'antécédents et de conséquents qui pro- « duit les actions corporelles et d'autres états de « conscience, ou sont-ils seulement des effets acces- « soires, qui ne sont pas essentiels aux actions phy- « siques s'opérant dans le cerveau? » Trois états de conscience différents sont à distinguer, suivant que le phénomène de la conscience ou du sens intime accompagne les perceptions sensibles, les actes libres de l'agent volontaire ou ces séries de pensées dont l'enchaînement forme ce que nous appelons une recherche de l'esprit, une investigation scientifique ou philosophique. Dans le premier cas, la perception sensible et l'état de conscience plus ou moins distinct qui l'accompagne, sont déterminés par les modifications sensorielles du cerveau : la matière nerveuse agit alors sur le principe psychique. Dans le second cas, la modification encéphalique, qui est le premier anneau de la chaîne des modifications organiques commandées par la volonté, dépend originairement de l'agent volontaire : le principe psychique agit directement sur la matière cérébrale. Dans le troisième cas, s'il faut en croire certains psysiologistes, le principe psychique se trouverait en présence de la phosphorescence de la matière cérébrale. « J'ai proposé, dit le docteur « Luys, de désigner sous la dénomination de « phosphorescence organique, cette curieuse pro- « priété que possèdent les éléments nerveux, de « persister pendant un temps plus ou moins long « dans l'état vibratoire où ils ont été mis par l'ar- « rivée des incitations extérieures, comme nous « voyons les substances phosphorescentes, illu- « minées par les rayons solaires, continuer à res- « ter brillantes alors que la source de lumière « qui les a éclairées a déjà disparu. » Suivant ces physiologistes, la mémoire serait intimement liée à la phosphorescence des cellules nerveuses du cerveau. Dans cette façon un peu exagérée de considérer l'état habituel du cerveau,

l'esprit occupé d'une recherche scientifique passerait en revue les images laissées dans la matière cérébrale par les impressions sensorielles ;
il irait de l'une à l'autre, les percevrait de nouveau, les comparerait, en tirerait des déductions,
bref, exercerait sur ces vestiges des perceptions
antérieures son activité propre. Il me semble que
cette théorie ne fait pas une part assez large au
rôle de l'esprit ; elle ne répond pas suffisamment
aux données psychologiques du sens intime.
L'esprit a incontestablement une portée de vue
et une allure beaucoup plus grandes que celles
qui lui sont accordées par la doctrine de la phosphorescence cérébrale. Les images dont il se sert
dans les opérations intellectuelles sont les signes
sensibles, les peintures plus ou moins arbitraires
de ces concepts : elles n'en sont pas les objets. Les
concepts déterminent les images ; ce ne sont pas
les images qui déterminent les concepts : du moins
il en est ainsi en maintes circonstances. Dans
l'investigation intellectuelle, comme dans l'acte
libre de l'agent volontaire, il y a donc action du
principe psychique sur la matière cérébrale ; de
cette action dérivent les combustions chimiques
dont les expériences de M. Byasson ont constaté
la présence dans l'organisme. Parfois les actes
intellectuels sont accompagnés d'une action de
la matière cérébrale sur le principe psychique,

et d'une réaction de ce dernier sur la matière cérébrale : la phosphorescence du cerveau excite le principe psychique, et celui-ci réagit de manière à donner des contours plus arrêtés aux images vagues et incertaines de la phosphorescence. Dans ce cas, il y a une action simultanée du cerveau sur l'esprit et de l'esprit sur le cerveau.

Cela posé, quelle est la nature de cette action du principe psychique sur la matière cérébrale, et de la matière cérébrale sur le principe psychique ? Avouons-le franchement, nous sommes là-dessus dans l'ignorance la plus complète. L'œil de l'âme est comme celui du corps : il peut percevoir les qualités et les phénoménalités de sa propre activité ; l'intimité substantielle lui reste cachée. Au reste, ne soyons pas trop exigeants ; nous sommes habitués à ces mystères ; la nature des actions atomiques nous est-elle mieux connue ? M. Tyndall est donc dans le vrai quand il dit : « Nous ne pouvons pas établir à la satis-
« faction de l'esprit humain une continuité
« logique entre les actions moléculaires et les
« phénomènes de la conscience... Nous recon-
« naissons qu'une pensée définie et une action
« moléculaire définie du cerveau se produisent si-
« multanément ; nous ne possédons pas l'organe
« intellectuel, ni même apparemment un rudi-
« ment de l'organe qu'il nous faudrait pour passer

« de la première à la seconde par le raisonne-
« ment. Ces phénomènes se manifestent en-
« semble, mais nous ne savons pas pourquoi.
« Quand même notre esprit et nos sens acquer-
« raient assez de développement, de lumières et
« de force, pour nous permettre de voir et de
« sentir les molécules mêmes du cerveau ; quand
« même nous serions capables d'en suivre tous
« les mouvements, les combinaisons, les dé-
« charges électriques, s'il y en a ; quand même
« nous aurions la connaissance intime des états
« correspondants de la pensée et du sentiment,
« nous serions aussi loin que jamais de la solu-
« tion de ce problème, comment les actions
« physiques sont-elles liées aux faits de cons-
« cience ? L'abîme qui sépare ces deux classes de
« phénomènes serait toujours infranchissable pour
« l'intelligence. » Il est une assertion qui me cho-
que dans cette allégation générale de l'illustre professeur de l'Institution royale : les phénomènes
cérébraux et les phénomènes psychiques, dit-il,
se manifestent ensemble, mais nous ne savons pas
pourquoi. Si le savant physicien prétend rejeter
par ces paroles tout lien de causalité entre les
deux classes de phénomènes, il a tort, et je suis
obligé de le contredire. Ce lien, en effet, existe
réellement ; nous l'appréhendons au même titre
et de la même manière que les autres liens de

causalité. La voie de l'*appel aux hypothèses* est ouverte à toutes ces recherches de l'esprit, et elle conduit toujours au but. S'il a seulement dessein d'affirmer notre ignorance de la nature du lien, je ne puis qu'assentir à une affirmation aussi juste.

Mais il est un reproche plus grave que je me crois en droit d'adresser à l'éminent écrivain : c'est le silence obstiné qu'il garde sur la distinction radicale et la diversité de nature des deux principes, dont l'un préside aux opérations psychiques et l'autre aux modifications cérébrales. Puisque M. Tyndall ne craint pas de soumettre à l'arbitrage du principe des opérations intellectuelles la question du passage logique des actions moléculaires du cerveau à ce qu'il appelle les états de conscience, pourquoi ne pas pousser plus loin l'interrogatoire? Pourquoi ne pas épuiser les renseignements que le principe psychique est à même de lui fournir sur les causalités efficientes des deux classes de phénomènes? Dans le témoignage du sens intime, le principe des opérations intellectuelles s'accuse comme étant également le principe unique des opérations volontaires et des sentiments; par ses déterminations électives, il se déclare en outre une activité libre, je veux dire, non nécessitée, puisque, sollicité en des sens contraires par l'influence des motifs proposés par l'intelligence, il est loin de céder invariablement à la sollicitation la plus forte. Combien de fois l'homme sage ne suit-il pas le dictamen de la raison en résistant aux exigences plus impérieuses de l'appétit sensitif? De plus, la grande voix du principe psychique ne cesse de proclamer au dedans de moi, avec une parfaite lucidité de vue, la permanence de son identité sous le flot variable des phénomènes divers et parfois opposés dont il est le siége.

Je sais bien ce qui arrête M. Tyndall. Il ne pourrait prêter l'oreille à ces dépositions compromettantes sans se voir obligé incontinent de renoncer à sa théorie matérialiste de la vie. Le témoin qui affirme l'unité, l'identité et la liberté du principe des opérations intellectives, affectives et volitives, est en même temps le juge chargé de prononcer la sentence; son arrêt est édicté du moment que le témoin a fait sa déposition; devant ce tribunal, M. Tyndall est condamné d'avance. Un principe un et toujours identique à lui-même pourrait n'être à la rigueur qu'une activité atomique; mais le principe qui ajoute la liberté à l'unité et à l'identité, est une activité essentiellement différente des activités atomiques. Puisque ces déductions sont certaines et tout à fait évidentes, j'ai de la peine à croire que M. Tyndall s'obstine à rester en chemin dans son travail de recherche. Il faut qu'il pousse les conclusions jusqu'au bout; la logique l'exige.

Au lieu de saisir avec avidité et dans toute son étendue la portion de vérité que nos facultés actuelles nous permettent d'atteindre, M. Tyndall préfère donner un libre cours à son imagination; il se fait un tableau fantastique des merveilles que des facultés plus puissantes que les nôtres nous permettraient de découvrir dans la nature matérielle. Il est porté à admettre que les plantes et les minéraux ont la faculté de sentir aussi bien que nous, et que l'exercice de cette faculté détermine des états de conscience chez eux comme chez nous. « Il est impossible d'affirmer, dit-il, « que les sensations de l'animal ne sont pas re- « présentées dans le monde végétal par une sorte « de conscience moins distincte. » La raison qui nous porte à cette affirmation est « l'absence des « manifestations extérieures, marque ordinaire « de l'existence de la sensation consciente. Mais « ces manifestations elles-mêmes ne manquent « pas d'une façon absolue. Dans les serres de « Kew, nous pouvons voir une feuille se fermer « aussi rapidement que le font les doigts de « l'homme, sous l'influence d'un stimulant con- « venable. » Pour un être doué de facultés plus puissantes que les nôtres, « il m'est permis de « supposer que non-seulement le monde végétal, « mais encore le monde minéral répondrait à des

« stimulants convenables, et que ces réponses
« différeraient en intensité seulement des mani-
« festations exagérées qui, par leur grossièreté,
« frappent nos facultés imparfaites. » Il est certainement permis à M. Tyndall de se livrer, si
bon lui semble, à toutes les imaginations que
la fantaisie peut lui suggérer. Aucun motif plausible d'attribuer la faculté de sentir soit aux végétaux, soit aux minéraux, ne peut sortir de ce
travail cérébral, puisque les phénomènes d'impression observés dans les plantes ne dépassent
dans aucun cas la catégorie des mouvements
réflexes. D'un autre côté, la certitude où nous
sommes que le principe de nos perceptions sensibles est aussi celui de nos opérations intellectuelles et de nos actes volontaires, et que, par
suite, ce principe est une activité simple, non
atomique, distincte de la matière, n'en sera pas
ébranlée. Si donc, avec des facultés supérieures
et une connaissance plus profonde de la matière,
nous parvenions à « conclure de l'état molécu-
« laire du cerveau le caractère de la force qui
« agit sur le cerveau, et réciproquemeut, à con-
« clure de la pensée l'état moléculaire correspon-
« dant du cerveau, » comme M. Tyndall aime à
se le persuader, la non-atomicité du principe
psychique n'en serait pas affectée.

Le savant professeur essaye de donner un coup

à la dérobée à la spiritualité du principe psychique, en rappelant la théorie de la matérialité de l'âme professée plus ou moins explicitement par quelques Pères des premiers siècles. « Lorsque j'é« tais enfant, dit M. Tyndall, j'ai appris du doc« teur Watts que les âmes des animaux con« scients ne sont que de la matière. Celui qui « voudrait rattacher à la matière l'âme humaine « elle-même se trouverait en compagnie fort or« thodoxe. Tout ce qui est créé, dit Fauste, célèbre « évêque gaulois du ve siècle, est matière. L'âme « occupe un lieu ; elle est renfermée dans un « corps ; elle quitte le corps à la mort, et y re« vient à la résurrection, comme dans le corps de « Lazare. La distinction entre l'enfer et le ciel, « entre les peines et les plaisirs éternels, prouve « que, même après la mort, les âmes occupent un « lieu et sont matérielles. Dieu seul est immaté« riel. Tertullien est aussi tout à fait matérialiste « dans ses idées sur l'âme. La matérialité de l'âme, « dit-il, est prouvée par les Évangiles. Une âme « humaine y est expressément représentée comme « souffrant dans l'enfer ; elle est au milieu des « flammes, sa langue éprouve de cruelles tortures, « et elle implore une goutte d'eau des mains « d'une âme plus heureuse. Si elle était immaté« rielle, ajoute Tertullien, tout cela n'aurait aucun « sens. » Comme mouvement stratégique cette

marche de M. Tyndall est correcte; toutes les as-
sertions historiques sont exactes. M. Th. Henri
Martin, qui a fait de ce point de l'histoire de la philosophie une étude spéciale, avoue sans difficulté
que plusieurs Pères des premiers siècles, effrayés
des erreurs du platonisme, se jetèrent sciemment
dans la philosophie stoïcienne. Zénon enseigne,
comme on sait, que l'âme est une substance corporelle très-subtile, un souffle chaud et éthéré qui
anime tout le corps. Platon lui-même attribue à
l'âme une espèce de matérialité, une sorte de
composition et de divisibilité. Dans la doctrine
d'Aristote, telle qu'elle était interprétée au commencement du christianisme, l'âme, comme les
autres formes substantielles, ne pouvait exister
en dehors du corps dont elle était la réalité active
et la vie : elle cessait par là d'être immortelle.
Placés entre ces doctrines opposées, on conçoit, dit
M. Th. Henri Martin, que quelques Pères aient pu
se croire obligés « de sacrifier la notion de la nature
« purement incorporelle de l'âme, pour sauver la
« notion de sa réalité à titre de substance. » Suivant cet érudit, deux auteurs du iie siècle, Tertullien et Tatien, ont professé « sans aucune res-
« triction » la corporéité de l'âme. Saint Irénée
au iie siècle, saint Méthodius au iiie, saint Ma-
caire et Lactance au ive, Cassien, Gennadius et
Fauste de Riez, cité par M. Tyndall, au ve, au-

raient admis une doctrine plus mitigée. Saint
Irénée, par exemple, dit que « l'âme est incorpo-
« relle par comparaison avec le corps mortel, »
c'est-à-dire, qu'elle est « moins corporelle que
« lui ; » mais qu'elle est corporelle par comparaison avec l'esprit de Dieu qui habite en nous, et
qui seul est entièrement incorporel et simple [1].
Quelques auteurs modernes cherchent à justifier
la doctrine de ces Pères en faisant remarquer que
les termes de corps et de corporel sont souvent em-
ployés par les auteurs chrétiens des premiers siècles, de l'aveu même de saint Augustin, dans le
sens de substance et de substantiel, par opposition à accident et à accidentel, surtout quand la
substance dont il s'agit exerce ses opérations dans
un lieu déterminé ; ils ajoutent que plusieurs
Pères donnent à l'âme deux principes : un principe corporel et mortel qu'ils appellent âme, et un
principe spirituel et immortel qu'ils nomment
esprit, etc., etc. Quelle que soit la valeur de ces
remarques, l'objection de M. Tyndall montre du
moins que la notion de la spiritualité de l'âme
n'avait pas encore acquis aux premiers siècles
une grande précision. Cette notion ne prend, en
effet, une forme bien arrêtée, sous l'influence des
idées chrétiennes, qu'au troisième et au quatrième

1. Th. Henri Martin, *La vie future*, p. 576.

siècle. M. Tyndall aurait tort de voir dans cette
influence un empiètement du sentiment sur la
raison. La vérité révélée s'adresse à l'intelligence
aussi bien que la vérité naturelle; ces vérités dérivent toutes deux de la vérité incréée et sont
destinées à se prêter un mutuel appui.

J'ai été étonné de voir M. Tyndall ne pas mieux
profiter des trésors d'érudition qu'il avait sous
la main. Après avoir déclaré, sur l'autorité de
M. Guizot, « qu'aux premiers siècles de notre ère
« la matérialité de l'âme était une opinion non
« seulement permise, mais dominante, » il aurait
pu ajouter, sans manquer pour cela de respect au
grand historien, que la doctrine contraire apparaît
déjà au iiᵉ siècle dans les écrits d'Athénagore et
dans la lettre à Diognète; au iiiᵉ, dans ceux de
saint Cyprien et d'Origène, ainsi que dans les
Constitutions apostoliques; qu'elle est professée au ivᵉ siècle par saint Athanase, saint An-
toine, Eusèbe de Césarée, saint Basile, saint Grégoire de Nazianze, saint Grégoire de Nysse, saint
Ephrem, saint Hilaire de Poitiers, saint Ambroise,
saint Jérôme, saint Jean Chrysostôme, saint Augustin, etc.; puis, qu'elle devient universelle.
Ces données, qu'un peu de lecture lui eût fait
connaître, sont de nature à éclaircir la difficulté
soulevée par M. Guizot.

10.

XVI

Avant de mettre fin à cette longue étude des derniers écrits philosophiques de M. Tyndall, je désire relever, du moins en partie, une assertion trop grave pour être reproduite avec la legèreté que le savant professeur y met, et dont l'inexactitude m'est plus particulièrement connue. M. Tyndall est convaincu, je l'ai déjà dit, que les idées religieuses ont exercé une influence funeste sur le progrès scientifique ; il convie tous les hommes amis de la vérité à se joindre à lui pour résister efficacement au despotisme clérical. Parmi ces adversaires de la libre diffusion des lumières, dévoués par l'éminent orateur à la vindicte publique, marchent au premier rang ces

hommes qui « cherchent à asservir les intelli-
« gences par l'éducation, » et dont le système de
compression intellectuelle exercé pendant des
siècles, « a étouffé chez les catholiques toute li-
« berté de production » dans les choses de l'esprit. Le seul souvenir des maux que ces hommes
pervers ont fait naître au sein des générations
catholiques durant l'espace de trois cents ans,
excite tellement l'indignation de l'illustre professeur de l'Institution royale, qu'il est sur le point
de quitter, à leur égard, « le ton de la courtoisie,
« pour prendre celui du mépris et de l'injure. »
Fort heureusement pour le public, des considérations de famille empêchent l'orateur de satisfaire, comme il le désirerait, à son juste ressen-
timent. Quelle est donc cette secte abominable
dont les crimes émeuvent M. Tyndall au point
de lui arracher ces accents courroucés ? Le lecteur me pardonne ; je suis bien obligé de le dire,
au risque de détruire tout l'effet que M. Tyndall
avait en vue ; il ne s'agit que des Jésuites ! Pauvres Jésuites ! je crois que s'ils n'existaient pas,
il faudrait les créer, ne fût-ce que pour donner
un thème inépuisable aux déclamations des ora-
teurs, et défrayer les sorties fantaisistes des con-
férenciers présents et futurs. Et quels sont les
motifs d'une aussi grande indignation ? A part
les accusations banales que je viens de rapporter

et dont la gravité fait déjà soupçonner la fausseté, le savant physicien ne trouve à citer que quelques paroles échappées au P. Perrone, dans son grand ouvrage de théologie, au sujet de l'action directe que Dieu peut parfois exercer sur les phénomènes physiques. Le savant théologien, tout en admettant que les phénoménalités du monde visible sont produites par le jeu des causes secondes, et qu'elles sont soumises dans leur évolution aux lois naturelles, affirme néanmoins, ce qui est parfaitement vrai, comme je l'ai fait voir, que l'activité de ces causes subordonnées, et les lois de la nature dépendent de la volonté du Créateur, et que la Toute-Puissance peut, si elle le veut, suspendre temporairement le cours des phénomènes. M. Tyndall appelle cela, faire de Dieu « un être gigantesque qui tient les cordons de « l'univers, » joue « avec le soleil et les planètes, « commandant à l'un de s'arrêter et à l'autre de « marcher, » et règle la marche de notre système planétaire selon son bon plaisir. L'illustre professeur de l'Institution royale se rejette ensuite sur la condamnation d'un écrit de Frohschammer par la Congrégation de l'Index, condamnation qu'il attribue à l'influence des Jésuites. Soit dit en passant, si les membres de la Compagnie de Jésus ont véritablement sur les décisions de la Congrégation de l'Index l'influence que M. Tyndall leur suppose, le savant physicien pourrait fort bien, ce me semble, leur donner le conseil de défendre à l'avenir les écrivains de la Compagnie un peu mieux qu'ils ne l'ont fait jusqu'ici; tout le monde sait, en effet, que plusieurs écrits émanés de plumes jésuitiques ont été censurés par le tribunal romain. Les Jésuites enseignent que « chaque âme humaine est envoyée par Dieu dans « le monde par un acte créateur distinct et sur- « naturel; » cette doctrine, au dire de M. Tyndall, est leur dogme favori. Le savant physicien a de la peine à concilier cette intervention divine avec les statistiques de l'Angleterre et du pays de Galles, par lesquelles M. Carlyle croit pouvoir démontrer que « l'augmentation annuelle de la « population se compose surtout de sots. » L'argument est digne à tous égards de l'humour anglais; pour y répondre comme il convient nous sommes contraint, à notre grand regret, de passer outre. Le professeur Frohschammer connaissait l'enseignement des Jésuites; malgré cela, il fut assez hardi, dit M. Tyndall, « pour combattre « leur doctrine, et pour affirmer que l'homme, « corps et âme, procède de ses parents, et que « par conséquent l'acte créateur est seulement « médiat et secondaire. » A la suite des attaques dirigées par la *Civilta cattolica* contre l'opinion du professeur de l'Université de Munich, le livre de Frohschammer intitulé l'*Origine de l'âme humaine*, fut, ajoute le narrateur, « marqué « comme dangereux, mis à l'index et condamné « par l'Église. »

Le savant professeur de .l'Institution royale oublie ici que la doctrine de la création immédiate des âmes n'appartient pas plus aux Jésuites qu'aux autres théologiens catholiques qui se sont attachés à la philosophie de saint Thomas. Le *Créatianisme*, comme on l'appelle, fut la théorie de tous les théologiens scolastiques sans exception ; elle fut aussi celle d'un assez grand nombre de Pères de l'Église. Néanmoins l'hypothèse de la transfusion des âmes par la génération, ou *Génératianisme*, au témoignage de saint Jérôme, était acceptée par la plupart des écrivains occidentaux au commencement du v⁰ siècle ; elle eut même pendant quelque temps les préférences de saint Augustin. Mais au temps de saint Bernard elle avait perdu à peu près tous ses défenseurs ; le IV.⁰ concile de Latran la fit disparaître entièrement. Au xiv⁰ siècle, « quand il s'est agi de la réunion « des Arméniens avec l'Église catholique, le pape « Benoît XII exigea, entre autres conditions, que « les évêques d'Arménie, assemblés en concile, « rejetassent solennellement certaines erreurs « qu'on avait répandues en ces régions. Or, la « cinquième de ces erreurs était précisément que,

« semblable au corps venant du corps des parents,
« l'âme de l'homme est engendrée par l'âme des
« parents, en vertu d'une propagation spirituelle,
« comme l'est 'une lumière par une autre lu-
« mière [1]. » A la seule inspection des dates,
M. Tyndall se convaincra facilement que, dans
tout ceci, l'influence des Jésuites a été absolument nulle. Le célèbre docteur Klée, professeur
à l'Université de Bonn, fit revivre en 1837, parmi
les théologiens catholiques allemands, la doctrine
de la génération des âmes ; défendue en des
termes très-convenables par quelques professeurs
éminents de l'Université de Louvain, elle n'acquit
un retentissement fâcheux que sous la plume de
Frohschammer. L'ouvrage de ce théologien, dont
la piété et l'humilité chrétiennes n'étaient pas à
la hauteur de l'érudition et qui affligea bientôt
l'Église par les plus tristes écarts, fut réprouvé
par la congrégation de l'Index. En montrant la
faiblesse des preuves apportées par les partisans
du *Générationisme* à l'appui de leur hypothèse,
et la fausseté des conséquences qui découlent logiquement de cette doctrine, les écrivains de la
Civilta cattolica ne faisaient donc que défendre
l'enseignement constant de toutes les écoles catholiques durant plusieurs siècles. Je m'étonne

1. Kleutgen, *La philosophie scolastique*, t. IV, p. 172.

fort que M. Tyndall leur en fasse un crime.

Mon intention n'est pas de réfuter en détail les graves accusations que les ennemis du catholicisme ont l'habitude de jeter à la face des membres de la Compagnie de Jésus, et dont M. Tyndall s'est fait l'écho trop bienveillant : cette tâche dépasse de beaucoup la limite de mes forces et je suis persuadé que le professeur de l'Institution royale ne s'attend pas à me la voir entreprendre. Je me contenterai de le renvoyer à l'histoire des trois derniers siècles ; non à l'histoire de M. Draper, mais à l'histoire véridique. Il y verra la part que les Jésuites ont prise à l'œuvre civilisatrice du catholicisme, dans les pays d'outre-mer par leurs missions, et en Europe par leurs prédications, leurs colléges et leurs nombreuses universités. En parcourant la *Bibliothèque des écrivains de la Compagnie de Jésus*, œuvre colossale due surtout à l'érudition et à la patience vraiment germanique d'un Jésuite belge, il pourra remarquer, à sa grande satisfaction, j'ose le penser, qu'il est bien peu de branches des connaissances humaines, où l'effort persévérant de quelque membre de la Compagnie de Jésus n'ait apporté soit une aide utile, soit parfois ce secours plus efficace, auquel la postérité reconnaissante attache les honneurs de la célébrité.

Il est toutefois un point de ces accusations que

je ne puis passer sous silence ; il prête le flanc à
la malignité par trop de côtés à la fois pour que
je ne croie pas de mon devoir de lui opposer une
dénégation énergique. M. Tyndall parle en maint
endroit de la compression intellectuelle exercée
sur les fidèles par l'Église romaine, et sous laquelle il se figure que les catholiques gémissent
comme les prisonniers chinois sous la cangue ; à
l'entendre, cette compression des intelligences
aurait été érigée en système par les Jésuites. A
l'occasion du procès de Galilée et des insinuations
aussi fausses que malveillantes auxquelles cet
acte d'autorité a donné naissance, j'ai fait connaître les limites que la prérogative de l'infailli-
bilité doctrinale, accordée à l'Église et à son chef
suprême, impose nécessairement à la liberté intellectuelle, au sein de la communauté catholique ; je n'ai donc plus à y revenir. L'accusation,
en ce qui concerne les Jésuites, a besoin de
quelques mots de réponse. Si je comprends bien
le reproche adressé par l'éminent professeur aux
membres de la Compagnie de Jésus, ces religieux
auraient le tort, suivant lui, d'arrêter systémati-
quement l'élan naturel des intelligences vers le
vrai ; ils étoufferaient dans leur germe, avec le
plus grand soin, toutes les idées nouvelles, si rationnelles qu'elles fussent, et cela, par un amour
mesquin du passé et une crainte inintelligente de

11

l'avenir. Si tel est le sens du reproche, **voici la
réponse** franche et loyale que je crois devoir lui
faire.

Je n'ai aucune peine à avouer que les Jésuites
ne sont point des révolutionnaires dans le sens
provocateur du mot, pas plus sur le terrain des
idées que sur celui de la politique. Ils sont souvent les victimes des révolutions dans **l'un et**
l'autre genre; ils ne les font jamais. Cela soit dit
à leur gloire. Mais convenons-en, entre **la révo-**
lution qui renverse et n'édifie pas, et la placide
immobilité qui ne fait rien, il y a toute l'étendue
du légitime progrès. Quelle place les Jésuites
s'efforcent-ils de garder dans la partie de ce vaste
terrain réservée aux idées moitié philosophiques,
moitié scientifiques, que l'illustre président du
congrès de Belfast a traitées dans son discours?
Je prétends me borner à celles-là. Pour venir en
aide au savant physicien dans une recherche où
il a l'air de s'être égaré, je vais lui apprendre
quelques détails relatifs à cet objet. Le progrès
des sciences a rendu fort probable l'opinion que
j'ai défendue dans cet article, savoir que **pour**
rendre raison des phénomènes physiologiques
observés dans les plantes, il n'est pas besoin de
recourir à l'hypothèse d'une âme végétative.
M. Tyndall connaît-il le catholique arriéré, le
laudator temporis acti, qui a le premier accré-

dité cette opinion, dans un cours et dans un
ouvrage de philosophie? Que l'éminent physicien ne s'émeuve pas outre mesure, car je suis
forcé de le contrarier : c'est un Jésuite, et ce qui
plus est, un Jésuite romain, un ami de l'habile
et infatigable P. Secchi [1]. Le premier qui, à
ma connaissance, défendit dans une chaire de
philosophie catholique, comme probable ou du
moins comme admissible, l'hypothèse de la plu-
ralité des mondes habités, est un Jésuite [2] ; le
premier qui ait étendu à l'organisme humain,
dans un article philosophique, l'explication des
phénomènes de la vie végétative et des mouvements réflexes par le simple jeu des forces atomiques et en dehors de toute influence du principe
vital, c'est encore un Jésuite [3]. Ce philosophe a dit
aussi un des premiers, en se basant sur les données
de la physiologie moderne : Les termes, union
de l'âme et du corps, dans l'homme, signifient
deux choses parfaitement distinctes : d'une part,
« réunion des *facultés* corporelles et des *facultés*
« spirituelles en un seul agent, en une seule
« substance; » d'autre part, « concours de l'*agent*

1. *Institutiones philosophicae* Salvatoris Tongiorgi, vol. III,
p. 17.
2. Item, vol. II, p. 277.
3. *Etudes religieuses*, ivᵉ série, t. VI, *la Thermodynamique*, p. 25.

« humain avec les *agents* atomiques pour pro-
« duire les phénomènes volontaires du corps
« humain. » Les agents atomiques considérés
isolément ne sont ni l'homme, ni une partie de
l'homme, mais ils sont animés par l'homme,
c'est-à-dire, « qu'ils tiennent de l'homme la vie
« animale proprement dite, la propriété d'être le
« théâtre et l'instrument immédiat d'actions ma-
« térielles volontaires [1]. » Cette manière de parler
ne met pas assez de distinction entre l'homme et
le moi humain, et ne fait pas ressortir suffisamment les différentes acceptions dont ce dernier
terme est susceptible; je m'en suis écarté au
commencement de cet article. Quand pour satisfaire aux justes demandes de M. Tyndall, je me
suis efforcé de préciser avec netteté le sens véritable des passages de la Genèse qui ont trait au
déluge, et dont l'interprétation trop littérale con-
tredisait, d'une manière plus ou moins formelle,
les résultats certains ou les vues probables de la
science, où ai-je puisé les éléments de cette détermination exégétique? N'est-ce pas dans deux
écrivains de la Compagnie de Jésus? Enfin dans
cette lutte vive, ardente et courageusement soutenue, qui eut lieu, il y a quelques années, à
Rome, au centre réputé immobile de la philoso-

---

1. *Etudes religieuses*, ibidem, p. 422.

phie catholique, entre les partisans de la doctrine des formes substantielles et les philosophes que le progrès des sciences naturelles avait détachés, sur ce point, des idées anciennes, le camp des tenants de la science n'était-il pas dirigé par des Jésuites? Cette lutte, ou plutôt cette recherche de la vérité, n'a pas pris fin; elle durera long-temps encore. Ce qui en fait une des particula-rités les plus intéressantes à l'heure présente, c'est qu'au lieu de rompre la bonne intelligence entre les champions des doctrines opposées, la diversité des opinions ne fait que resserrer les liens de la charité. Depuis l'origine de la discus-sion, les savants professeurs du collége romain n'ont pas cessé de porter bien haut le drapeau de la science; le dernier qui ait livré ses leçons à l'impression, le P. Palmieri, est un dynamiste convaincu.

M. Tyndall peut en faire son deuil : les Jé-suites ne sont pas dans le domaine des sciences les ennemis attardés des idées nouvelles. Après la devise que saint Ignace leur a laissée : *à la plus grande gloire de Dieu*, ils n'en ont pas de plus chère que celle de saint Augustin : *in neces-sariis unitas, in dubiis libertas, in omnibus caritas*. Ce que je dis ici des Jésuites, dont M. Tyndall m'oblige à m'occuper bien malgré moi, je le dis des philosophes et des théologiens

catholiques. Si l'illustre physicien veut se faire
une idée juste de la manière dont les savants du
catholicisme parviennent à unir la soumission la
plus parfaite aux enseignements de la Chaire de
Pierre, avec la liberté la plus entière de l'intelligence, qu'il lise attentivement la petite préface
que Durandus a sancto Portiano, le plus célèbre
des théologiens scolastiques après saint Thomas
et Duns Scott, a mise en tête de ses commentaires
sur le livre des Sentences. Je le prierai de me
dire après cette lecture si le langage du grand
évêque est celui de la compression intellectuelle
et de l'asservissement de la raison.

Me voici arrivé au terme de ce long travail.
Mes occupations m'ont souvent forcé de l'inter-
rompre; mais je l'ai toujours repris avec joie, dans
l'espoir qu'une discussion franche et sérieuse
sur les points controversés de la science matérialiste contemporaine pourrait produire quelque bien dans l'esprit de mes lecteurs. Je souhaite
que cet écrit tombe entre les mains de l'illustre
professeur de l'Institution royale dont le nom est
venu si souvent sous ma plume. L'éminent
physicien y rencontrera « des raisonnements
« loyaux et sincères; » l'expression souvent re-
nouvelée « de la sympathie la plus tendre et la
« plus sainte, » et l'absence complète « de haine,
d'aigreur, de malveillance et de toute trace d'irri-

tation. » J'ai combattu les doctrines philosophiques
de M. Tyndall, en conservant constamment pour
sa personne le respect le plus profond, j'ose dire,
l'attachement le plus vif. Dieu qui sonde les
cœurs, sait que je dis vrai. Je le prie, ce grand
Dieu, de répandre sur l'éminent professeur
l'abondance de ses lumières, et de l'aider à passer
de la connaissance de la vérité physique et matérielle à la connaissance infiniment plus désirable
de la vérité spirituelle et religieuse. Quand il
aura atteint ce sommet de l'intelligence, alors au
lieu de se fondre au moment redoutable de la
mort « comme les bandes de nuages du matin,
« dans l'azur infini du passé, » il s'élèvera, plein
d'éclat et de grâce, vers le séjour de l'immortelle
vie, comme les vapeurs matinales que le soleil a
échauffées s'élèvent de la prairie, au milieu du
concert de la nature, vers l'azur des cieux.

TABLE DES MATIERES

ŒUVRES DU T. R. P. MONSABRÉ
Des Frères Prêcheurs
CONFÉRENCES DE NOTRE-DAME DE PARIS

CONCILE ET JUBILÉ
AVENT 1860
1 volume in-8. Prix : 4 fr.; par la poste, 4 fr. 50

RADICALISME CONTRE RADICALISME
CARÊME 1872

APPENDICE. — *Au pied de la Croix. Miserere* de la France. *Allocution pour la Communion générale du jour de Pâques. Discours pour le Vœu national au Sacré Cœur de Jésus.*

3e *édition.* 1 volume in-8. Prix : 4 fr.; par la poste, 4 fr. 50.
LE MÊME, 2e *édition.* 1 vol. in-18 jésus. Prix : 3 fr.; par la poste, 3 fr. 50

EXPOSITION DU DOGME CATHOLIQUE

Premier volume. CARÊME 1873
EXISTENCE DE DIEU

3e *édition.* 1 volume in-8. Prix : 4 fr.; par la poste, 4 fr. 50
LE MÊME, 2e *édition.* 1 vol. in-18 jésus. Prix : 3 fr.; par la poste 3 fr. 50

Deuxième volume. CARÊME 1874
ÊTRE, PERFECTIONS, VIE DE DIEU

3e *édition.* 1 volume in-8. Prix : 4 fr.; par la poste, 4 fr. 50
LE MÊME, 2e *édition.* 1 vol. in-18 jésus. Prix 3 fr.; par la poste, 3 fr. 50

Troisième volume. CARÊME 1875
ŒUVRE DE DIEU

3e *édition.* 1 volume in-8. Prix : 4 fr.; par la poste, 4 fr. 50
LE MÊME, 2e *édition,* 1 vol. in-18 jésus. Prix : 3 fr.; par la poste, 3 fr. 50

Quatrième volume. CARÊME 1876
GOUVERNEMENT DE DIEU

1 volume in-8. Prix : 4 fr.; par la poste, 4 fr. 50
LE MÊME, 2e *édition,* 1 vol. in-18 jésus. Prix : 3 fr.; par la poste, 3 fr. 50

CONFÉRENCES DU COUVENT SAINT-THOMAS D'AQUIN
INTRODUCTION AU DOGME CATHOLIQUE

2 beaux et forts volumes in-3. Prix : 12 fr.; par la poste 13 fr.

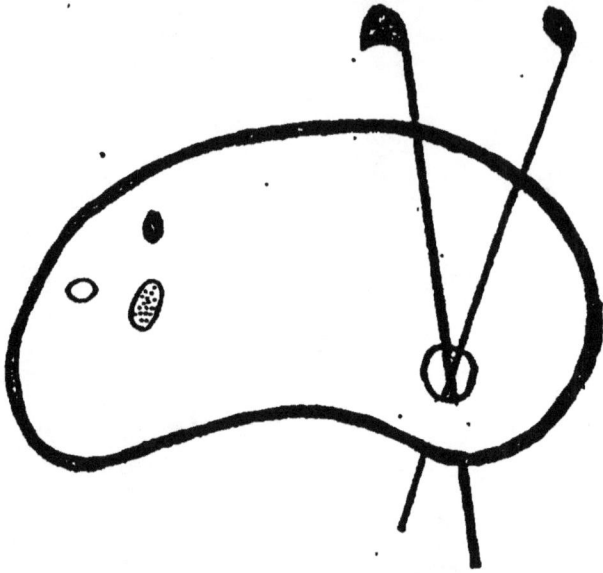

ORIGINAL EN COULEUR
NF Z 43-120-8

www.ingramcontent.com/pod-product-compliance
Lightning Source LLC
Chambersburg PA
CBHW070626100426

42744CB00006B/611